HIGH DIVER

HIGH

WERNER JESSNER

↓

ORLANDO DUQUE

DIVER

MEIN LEBEN
FÜR DEN PERFEKTEN
SPRUNG

PANTAURO

INHALT

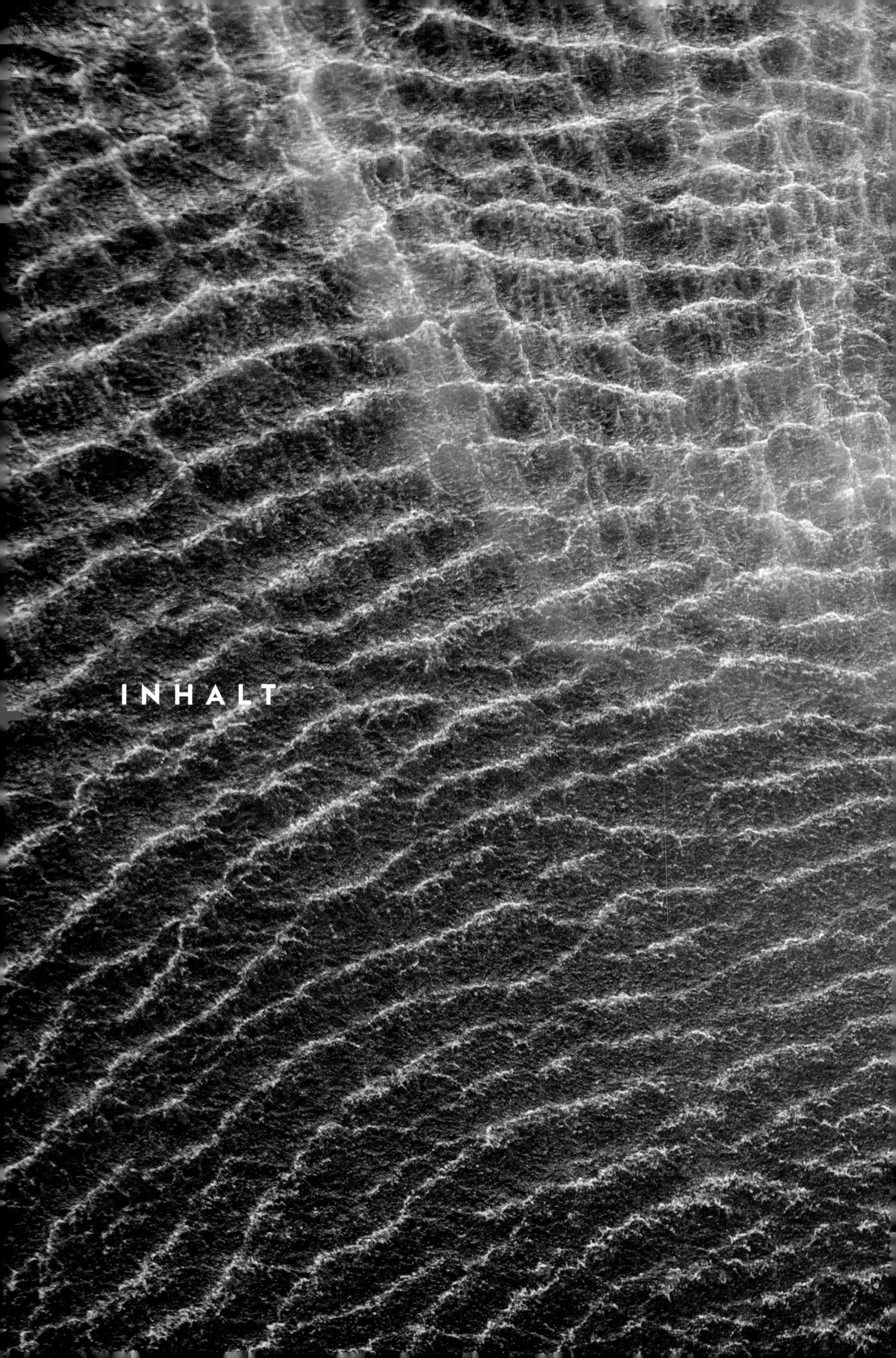

8 CALI

22 BARCELONA

32 GÄNSERNDORF

42 ABSPRUNG

72 MEIN KÖRPER

98 DIE GANZE WELT

154 ROCK 'N' ROLL

168 ÄSTHETIK

188 MORGEN

202 ZEITLUPE

Wie fühlt es sich an, auf einer Plattform hoch über dem Wasser zu stehen? Wie fühlt es sich an, durch die Luft zu fliegen und erst im letzten Moment zu wissen, ob alles so funktioniert hat wie geplant? Wie fühlt es sich an einzutauchen und ein paar Sekunden völlig allein zu sein, isoliert von der Welt, umhüllt von paradiesischer Stille?

EINLEITUNG

Ich durfte es in den letzten drei Jahrzehnten intensiver herausfinden als die meisten – und mehr als das. Ich habe die schönsten Plätze des Planeten gesehen, bin in blaugrüne Ozeane gesprungen, von Häusern, Brücken, Felsen, Helikoptern, von Bäumen im Amazonas und sogar von einem Eisberg in der Antarktis. Ich habe tolle Menschen getroffen und neue Kulturen kennengelernt. Ich habe geliebt, gelitten und gesiegt.

Ich bin meinem Sport, meiner Leidenschaft unendlich dankbar für das Leben, das er mir ermöglicht hat, von bescheidenen Anfängen bis zu den Höhen der internationalen Red Bull Cliff Diving World Series.

Dieser wunderbare Trip lässt sich am besten durch Bilder erzählen. Das, was mir währenddessen durch den Kopf ging, habe ich versucht in Worte zu fassen. Cliff Diving ist im Grunde ein total einfacher Sport. Alles, was man dazu braucht, ist ein Absprung und tiefes Wasser. Der Rest liegt an dir selbst. Du entscheidest, was du aus diesen einzigen beiden Zutaten und der winzigen Zeitspanne totaler Freiheit machst.

Ich lade Sie ein, auf den nächsten 204 Seiten in mein Leben als Cliff Diver einzutauchen.

Orlando Duque
Cali, August 2019

Cali

Einer meiner ersten Sprünge auf Foto. Ich bin 8 Jahre alt,
wir sind im Wochenendhaus von Freunden zu Besuch. Man beachte die Körperspannung!
→

Ich war der Junge, der immer geradeaus ging. Die Gasse links: Lieber nicht. Die Gasse rechts: Nein. Nicht abschweifen, immer geradeaus. Das hier war mein Zuhause.

KOLUMBIEN.

Cali, eine der Drogen-Hochburgen der 1980er-Jahre. Kopf hoch, die Trainingsjacke als mein Superhelden-Cape.
Ich selbst war noch kaum höher als die Schulterlinie der Geländewagen, die die Ganglords gern fuhren. He Kleiner, wie geht's? Danke Boss, und selbst? Kann nicht klagen, die Geschäfte laufen gut. Viel Glück übrigens beim nächsten Wettkampf, Kleiner! Danke, Boss. Und weiter, immer geradeaus.

In meiner Kindheit bin ich immer zu Fuß gegangen. Wann immer mir meine Mutter Geld für den Bus mitgab, habe ich es eingesteckt und für sinnvollere Dinge ausgegeben. Für etwas zu essen oder zu trinken zum Beispiel, denn zu laufen hat mir nie etwas ausgemacht. Hierhin, dorthin, eine halbe Stunde pro Richtung, ganz normal. In der Erinnerung habe ich den Großteil meiner Kindheit im Freien verbracht. Wenn ich mich an den Anfang meiner Erinnerungen zurückversetze, sehe ich eine breite Straße mit hohen Bäumen und eine Kinderschar, zu der ich gehörte.

Südamerika der 1980er-Jahre, Junge: das bedeutete automatisch Fußball. Ich kann nicht behaupten, ich sei ein besonders guter Fußballer gewesen, wahrscheinlich aber auch nicht ganz schlecht, ich weiß es nicht mehr. Fußball war einfach Alltag, das, womit man eben seine Zeit verbracht hat, tagein, tagaus. Wir **DUQUES** waren eine ziemlich normale Familie in Cali, so normal das in Kolumbien in dieser Zeit eben möglich war. Im Nachhinein war in diesem Land zu dieser Zeit eigentlich wenig normal, aber gerade als Kind gewöhnt man sich daran. Kinder sind speziell. Man wusste schon als Dreikäsehoch, dass es gefährlich wäre, in dieser Gasse nach rechts oder in jener nach links abzubiegen. Die Geschichten mit den Drogenkartellen, wie man sie aus Fernsehserien kennt, sind nicht übertrieben. Drogen und Kriminalität waren damals allgegenwärtig bei uns in Cali, und es brauchte ein gutes Elternhaus, das einen vor der sehr realen Gefahr, eines Tages eben doch falsch abzubiegen, bewahrt hat.

Die tägliche Herausforderung bestand darin, jeden einzelnen Tag den geraden Weg zu gehen und niemals abzubiegen, auch später nicht, in der Pubertät, als die Verlockungen größer und größer wurden.

Einige meiner Jugendfreunde sind ihnen erlegen. Sie sind in die Drogenszene gerutscht, andere wurden ermordet, sitzen noch immer im Gefängnis oder sind sonst irgendwie in Probleme geraten. Einige sind auch reich geworden. Ich hingegen war der Junge, der immer geradeaus ging. Das hatten mir meine Eltern beigebracht. Mein Vater **FELIX** arbeitete auf einem Obst- und Gemüsemarkt, meine Mutter **JAEL** war zu Hause und hat gekocht. Nicht nur für uns, sondern für die Arbeiter in den nahe gelegenen Fabriken, an die sie ihr Essen verkauft und so Geld verdient hat. Meine Mutter war eine hart arbeitende Frau. Vor allem dank ihr hatten wir immer genügend Geld. Nie viel, aber immer ausreichend. Mein Bruder **HERNANDO** ist fünf Jahre älter als ich, meine Schwester **AUDREY** sieben Jahre jünger. Vater hat nicht bei uns gewohnt, aber er war durchaus präsent, und wir hatten immer ein korrektes Verhältnis. Er ist leider vor mehr als zehn Jahren gestorben.

↑
Gegen Ende meiner Highschool-Zeit war die Drummer-Karriere an ihrem Zenit.
Mit unserer Cover-Band haben wir sogar Konzerte gegeben. Was fehlt: Die langen Haare!

Bull

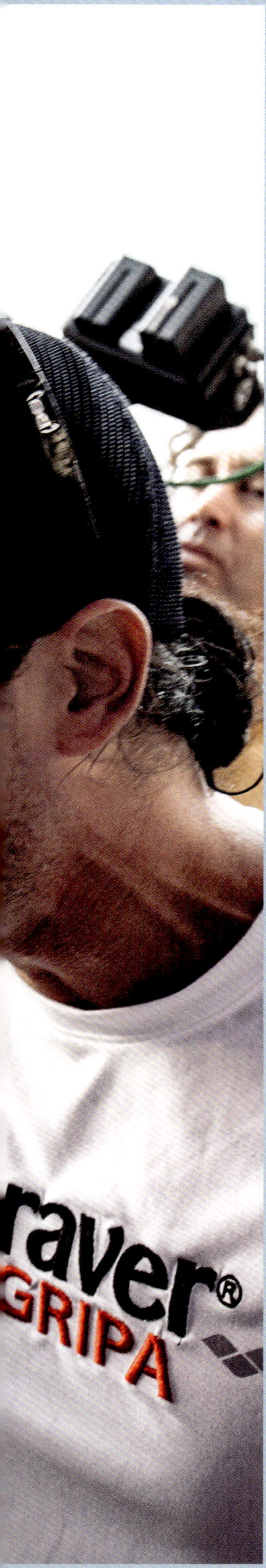

←
Beim Wettkampf der Red Bull Cliff Diving World Series in Kolumbien sehen mich Mutter und Schwester (hier mit meiner Frau in der Mitte) erstmals live im Wettkampf.

Durch meine Mutter habe ich mitbekommen, dass Geld nicht auf Bäumen wächst. Dass man täglich aufstehen muss, um seinen Unterhalt zu verdienen, dass Disziplin eine Tugend ist. Das klingt jetzt strenger, als ich es damals empfunden habe, denn meine Kindheit war wirklich schön und unbeschwert. War ich ein guter Schüler? Anfangs nicht, denn vieles hat mich einfach nicht interessiert. Mathematik, Geografie, Sport? Toll! Der Rest? Na ja. Ich war oft unaufmerksam, manchmal weder geistig noch körperlich anwesend, und klarerweise hat mich das in Schwierigkeiten gebracht. Immer wieder haben meine Lehrer meiner Mutter gesagt, ihr mittleres Kind sei zwar sicher nicht dumm, allerdings ziemlich desinteressiert. War ich tatsächlich, denn im Freien zu sein, herumzutollen, fand ich spannender als den Unterricht, meistens zumindest.

Meine Mutter? Hielt mir den Spiegel vor und machte mir klar, dass die Schule mein Job war. Dass ich mich gefälligst anstrengen sollte, weil Bildung gut für mich wäre, weil mich nur die Schule, ein gewisser Eifer und eben Disziplin weiterbringen würden. Dass es ein Privileg ist, Bildung zu genießen – ein Privileg, das ihr in ihrer Jugend versagt geblieben war. Dass man all das, was man macht, ordentlich zu machen hat, Punkt. Kein Verhandlungsspielraum, das war ehernes Gesetz der Duques, überwacht von meiner Mutter als Polizei und Richter in Personalunion. Dagegen aufzubegehren war von vornherein zum Scheitern verurteilt, und infolgedessen riss ich mich zusammen, die Schulnoten besserten sich langsam, und nach und nach begannen mich auch andere Unterrichtsgegenstände zu interessieren: Physik oder Chemie etwa. Mit den Jahren sollte tatsächlich noch ein brauchbarer Schüler aus mir werden, der in ferner Zukunft mit Auszeichnung abschließen sollte. Was die Ursache meines ursprünglichen Motivationsproblems war, kann ich heute nicht mit Sicherheit sagen. Ich würde es zwar gern zur Gänze auf das verkrustete, betuliche Schulsystem schieben, aber vermutlich war ich schon bis zu einem gewissen Grad selbst daran schuld. Blöd war ich ja nicht, ich wollte nur nicht lernen – auch wenn ich wusste, dass ich mich besser hinsetzen und meine Hausaufgaben erledigen sollte, weil ohnehin kein Weg daran vorbeiführte. Wie dramatisch sich Einstellung und Arbeitsethos in meinem Leben noch ändern sollten!

Als Kind gab es einfach nichts, für das ich wirklich gebrannt hätte. Am ehesten war das noch Sport, wenn ich mich denn hätte festlegen müssen. Fußball, später kam noch Judo dazu. Das fand ich durchaus gut, aber in meiner Erinnerung war vor allem der weiße Anzug mit den verschiedenfarbigen Gürteln toll. Eine Zeit lang habe ich ihn auch im Alltag getragen. Ich bestritt auch ein paar Wettkämpfe, nicht nur in Cali, sondern sogar in anderen Städten, aber im Nachhinein muss ich doch sagen, dass mein Judo wohl eher kindliches Balgen als ernsthafter Sport war.

Ich war kein großer Kämpfer, was nicht selbstverständlich war in meinem Umfeld. Wenn ich gerauft habe, dann meist mit meinem großen Bruder, so wie Brüder eben raufen. Total ernst, keiner will nachgeben, aber dann doch von brüderlicher Liebe getragen. Wegen des Altersunterschieds war ich in der Regel chancenlos, was aber nicht heißt, dass ich es nicht immer wieder probiert hätte. Gründe für Meinungsunterschiede ließen sich stets finden. Das kennt wohl jeder, der Geschwister hat. Ich erinnere mich glasklar an eine Situation, als ich seinen Basketball genommen hatte und ihn nicht mehr zurückgeben wollte, woraufhin er mich tüchtig vermöbelt hat. Ich weiß auch nicht, warum ich mir gerade diese Szene so klar gemerkt habe, denn es hat sicher Dutzende vergleichbare gegeben. Was ich aber sagen kann: Unsere Streitereien waren nie bösartig oder gemein, und unser Verhältnis war über all die Jahre respektvoll, voll von Liebe und Wertschätzung.

Mein Bruder Hernando war mein großer Bruder, was nicht nur am Altersunterschied lag. Seit ich ihn kenne, war er ein ernster, seriöser Mensch, der nach Höherem strebt. Einer, der sich Bildung aneignet, der eloquent ist, sich elegant kleidet. Die Ideen unserer Mutter fielen bei ihm auf fruchtbaren Boden: Mach was aus dir, damit du es einmal besser hast. Sein Ziel war es, eines Tages Manager einer großen Firma zu sein, Dinge zu bewegen, ins Ausland zu gehen und gutes Geld zu verdienen. Dafür war ihm kein Preis zu hoch, und wenn meine Eltern fleißige Menschen waren, dann galt das umso mehr für ihn. Er hat mir gezeigt, dass man sich große Ziele stecken soll – und dass sie mit ehrlicher, harter Arbeit auch tatsächlich erreichbar sind. Hernando hat seinen Weg gemacht: Er hat sein Wirtschaftsstudium absolviert, war Manager eines großen Hotels in Chicago, heute leitet er Restaurants, schmiedet stets neue Pläne und ist voller Energie. Ein cleverer, gut aussehender Typ, wie immer fein gekleidet, Oberhaupt seiner eigenen großen Familie. Er führt jenes Leben, das er sich als Jugendlicher ausgemalt hat – das sich unsere Mutter für ihn gewünscht hat.

Ähnliches gilt übrigens auch für meine Schwester. Sie, das Nesthäkchen, das Mädchen, die Nachzüglerin, hat ihr Studium längst beendet und arbeitet heute bei einem der größten Finanzdienstleister des Landes. Aus allen Kindern ist etwas geworden, darauf können unsere Eltern stolz sein. Sie haben uns die richtigen Voraussetzungen mitgegeben, auch wenn mein Weg deutlich anders verlaufen ist, als man es sich als Elternteil vermutlich vorstellt. Manchmal denke ich mir, ich hatte Glück, dass Hernando einen so linearen Karriereweg genommen hat. Das hat wohl Druck von meiner Mutter genommen. Aber selbst später, als ich schon auf meinen 40. Geburtstag zuging, kam es immer wieder vor, dass sie mich zur Seite nahm und ermahnte, endlich meinen Universitätsabschluss zu machen.

Du fliegst auf die Schnauze? Dann steh auf und suche einen anderen Weg. Mach es anders. Mach es besser. Bleib nicht liegen. Probier etwas Neues.

Ich kann ihr nicht genug dafür danken, dass sie ihrer Zeit so weit voraus war. Sie, die von früh bis spät geschuftet hat, die keine klassische Ausbildung absolvieren durfte, hat uns unsere Karrieren ermöglicht. Durch Strenge, durch Glauben an Aufstieg, Einsatz und Arbeit, aber auch dadurch, dass sie uns an uns selbst glauben und uns experimentieren ließ. Du fliegst auf die Schnauze? Dann steh auf und suche einen anderen Weg. Mach es anders. Mach es besser. Bleib nicht liegen. Probier etwas Neues. Wann auch immer ich eine neue Idee hatte, war sie die Erste, die sagte: Mach das. Dafür werde ich ihr ewig dankbar sein. Ohne es zu ahnen, hat sie so das Fundament zu meiner Karriere gelegt – so unwahrscheinlich diese auch war.

Finanziell kamen wir gerade so über die Runden. Nicht dass wir gehungert hätten – unser Essen war immer vorzüglich! – aber von Luxus konnte keine Rede sein. Wenn wir in Urlaub fuhren, nahmen wir den Bus. Meine Großmutter lebte rund 150 Kilometer südlich von Cali. Das Klima dort war viel gemäßigter als in der tropisch heißen Stadt. In den Sommerferien mit meinen Cousins bei Großmutter zu sein, Früchte vom Baum zu pflücken und den ganzen Tag in den Bergen umherzustreunen gehört zu den schönsten Erinnerungen meiner Kindheit. Das war die Art von Luxus, die uns unsere Mutter ermöglichte. Einmal waren wir sogar in Ecuador, ein andermal auf einer Rundreise in den Norden des Landes, bis fast hoch in die Karibik. Irgendwie hat sie das alles geschafft. »Kommt, das machen wir«, und schon waren wir unterwegs.

Der Fußballplatz lag in einem Sportkomplex, zu Fuß 20 bis 30 Minuten von daheim entfernt, je nachdem wie schnell man ging. Dort gab es außerdem Basketball- und Volleyballplätze plus einen Pool für die Schwimmer. Jeweils nach Ende des Fußballspiels trafen wir uns dort und schauten den Schwimmern zu. Für uns wirkte das eher langweilig, aber dann entdeckten wir noch einen zweiten Pool: Dunkel. Tief. Blau verfliest. Der Pool für die Springer. Das war etwas ganz anderes! Das war spannend, das war faszinierend, das war ein Sog, dem wir uns nicht entziehen konnten. Fortan endeten die Fußballmatches hier beim dunklen Pool.

Eines Tages kam ein Coach auf uns zu. Er hatte uns beobachtet, wie wir seinen Springern zusahen, jeden Abend wieder. Er vermutete wohl potenziellen Nachwuchs für seinen Verein in uns, denn wir waren im richtigen Alter: Zehn Jahre, mehr oder weniger. Ob wir Interesse hätten, an einem der nächsten Tage ein Probetraining zu absolvieren? Interesse? Wir fühlten uns geehrt, und am nächsten Tag gingen wir statt zum Fußball direkt zum Pool. Der Coach erwartete uns bereits. Ein paar Dehnungsübungen, ein paar Tests, um unsere Koordination und Kraft zu checken, ein paar Aufwärmübungen, ein wenig laufen, ein paar Sit-ups, dann der große Moment: Wir sollten die Badehosen anziehen und zum Pool rübergehen.

In der Kabine fiel mir plötzlich die kleine, aber nicht unwesentliche Frage auf: Konnte ich überhaupt schwimmen? Okay, natürlich war ich bereits im Wasser gewesen, allerdings bloß im seichten, und meine Art der Fortbewegung war es, unterzutauchen und mich vom Boden abzustoßen, um wieder an die Oberfläche zu kommen. Wenn es gar nicht anders ging, bewegte ich dazu auch noch die Arme. Aber so richtig zu schwimmen hatte ich nie gelernt. In diesem tiefen, dunkelblauen Pool würde ich es niemals bis an den Grund schaffen, um mich wieder abzustoßen, wurde mir klar. Doch jetzt war es zu spät, mir darüber den Kopf zu zerbrechen. Die anderen Jungs warteten bereits, und vor allem wartete der Trainer.

Mit Newcomern macht man das heute noch so wie unser Coach damals: Er ließ uns alle am Beckenrand Aufstellung nehmen und von dort ins Wasser springen, einen nach dem anderen. Als ich dran war, hatte ich jegliche Nervosität verloren. Ich sprang, und ich erinnere mich – im Unterschied zu dem meisten, was in den nächsten Tagen passierte – an jeden Augenblick. Wie ich in der Luft war. Ins Wasser eintauchte. Im Wasser schwebte. Auftauchte. Mich am Beckenrand festhielt und nach Luft schnappte. Und in diesem Augenblick wusste ich zwei Dinge so sicher wie bislang noch nichts in meinem Leben: Erstens: Ich kann schwimmen. Zweitens: Springen ist das, was ich kann und ab sofort tun will und werde.

Meet the family: Schwester Audrey, meine Frau Catalina, meine Mutter, ich, mein Bruder Hernando (von links). →

Red Bull
Noraver®
GRIPA

Wiedersehen mit Daniel Herrera, meinem ersten Trainer in Cali. Ihm verdanke ich viel. →

Red Bull
Noraver
GRIPA
Noraver
GRIPA

B
A
R
C

E
L
O
N
A
Barcelona

Meine letzten National Games im Jahr 1992. Sieg vor meinem Kumpel César Suárez und Orlando Casilimas vom Dreimeterbrett. Was man nicht sieht: Einen Monat zuvor hatte ich mir die Hand gebrochen. →

Mein Bruder war mit 17 Jahren von zu Hause ausgezogen, um in Amerika zu arbeiten und absolvierte dort ein paar Jahre später sein Studium. Ich war natürlich noch in der Schule, aber der Sport nahm einen immer größeren Teil meines Lebens ein.

MAN KANN WIRKLICH SAGEN,

meine neuen Freunde aus dem Sprungklub und ich waren fanatisch. Wir trainierten während der Woche ausnahmslos jeden Tag, und an den Wochenenden trafen wir uns – meist bei mir daheim – und schauten und analysierten stundenlang Sprung-Videos. Sogar den geliebten Urlaub bei meiner Großmutter beschränkte ich auf einige wenige Tage, um das Training nur so kurz wie möglich unterbrechen zu müssen.

Meinen ersten großen Wettkampf sprang ich 1986, mit zwölf Jahren. Ein Jahr später qualifizierte ich mich für meine ersten nationalen Meisterschaften. Dazu musste man durch mehrere kleinere lokale Ausscheidungen, die ich allesamt locker gewonnen habe. Bei meinen ersten Staatsmeisterschaften in Medellín holte ich die Bronzemedaille am Einmeterbrett. Ein paar Tage darauf folgte Gold am Dreimeterbrett. Am Fünfmeterturm holte ich Silber. Wow! Ein komplettes Medaillenset! Ich war wirklich happy. Ich hatte Blut geleckt. Es fühlte sich gut an, auf dem Podium zu stehen.

Bald schon hatte ich das nächste Ziel vor Augen: Alle vier Jahre gab es in Kolumbien Nationale Spiele. Unterschiedlichste Sportarten, so ähnlich wie bei den Olympischen Spielen, allerdings auf nationalem Level. Viel größer als Staatsmeisterschaften, die jedes Jahr ausgetragen wurden. Für das Jahr darauf, 1988, waren wieder solche Nationalen Spiele angesetzt. Darauf wollte ich hintrainieren. Meine Trainer warnten mich: Nur weil ich Staatsmeister war, bedeutete das noch lange nicht, dass ich auch dem Druck des Großevents standhalten würde. Ich arbeitete hart, und als die Spiele kamen, holte ich zwei Goldmedaillen und eine Silbermedaille. Ich war 14 Jahre alt.

Ohne dass ich es groß bemerkt hätte, hatte der Sport mein Leben strukturiert. Etwas, das sich auch positiv auf meinen schulischen Erfolg auswirkte. Dazu kamen die ersten sportlichen Erfolge, erste regionale und nationale Titel. Was meiner Mutter wahrscheinlich noch wichtiger war: Neben Schule und Sport hatte ich schlicht keine Zeit und Energie, um auf dumme Gedanken zu kommen. Kolumbien war in den 1990er-Jahren wirklich so, wie man es aus diversen Filmen und Serien kennt, und für einen Teenager war es sehr leicht, vom Weg abzukommen. Nicht für mich: Wenn ich abends vom Training nach Hause kam, bin ich ins Bett gefallen und sofort eingeschlafen, so kaputt war ich.

Von wegen beim Wasserspringen springst du den ganzen Tag lang ins Wasser! Die ersten 45 Minuten waren körperliches Training. Laufen. Gewichtheben. Sit-ups. Das volle Programm. Der Pool, die Sprünge waren erst die Belohnung für das körperliche Training. Wir haben geschwitzt und geschnauft, aber das war der Deal: Du musst vorher die unangenehmen Dinge erledigen, um die angenehmen zu bekommen. Das hat mich schon auch ein Stück weit geprägt: Arbeite dein Pensum ab. Tu, was getan werden muss. Greif die unangenehmen Dinge an und lass sie nicht liegen. Noch heute, am Abend meiner Karriere, hilft mir die Arbeitsmoral, die mir damals mitgegeben wurde. Sehr früh aufstehen? Um Mitternacht die Schuhe anziehen und laufen gehen? Überhaupt kein Problem für mich. Motivationsschwierig-

↓
1987, ich hole die zweite Medaille meiner Karriere vor Juan Bernardo Munoz, der heute übrigens Trainer ist.

keiten sind ein Luxus, den ich mir nur kurz als Kind und danach nie wieder gegönnt habe. Ich erledige die Arbeit, dann ist sie getan.

Warum ich das alles als Teenager auf mich genommen habe? Springen ist global gesehen ein kleiner, unbedeutender Sport, und schon gar in einem kleinen Land wie Kolumbien. Aber ich hatte Talent und riesige Freude an der Bewegung. Solange ich in der Schule war, sollte das mein Sport sein. Um noch weiter vorauszudenken, fehlte mir die Vorstellung.

Was war die Faszination? Schon als Kleinkind habe ich es geliebt, einfach loszulaufen und ins Wasser zu springen. Wie ich dann wieder herauskam, war eine andere Sache, aber bloß das Gefühl des Springens, der Schwerelosigkeit, des Eintauchens hat mich von klein auf fasziniert. Und nun kam eine völlig neue Ebene dazu: Ich lernte die Tricks und Bewegungen, wie ich die Sprungphase für mich noch interessanter, noch vielfältiger gestalten konnte. Je mehr ich lernte, umso mehr wollte ich lernen. Es war ein Sog, eine Aufwärtsspirale, und ich raste, genoss jeden Augenblick, jeden einzelnen Sprung. Springen, fallen, eintauchen. Immer und immer wieder. Noch besser, noch präziser. Zu einem Wettkampf fahren, auf dem Podest stehen. Gewinnen. Pläne schmieden: Beim nächsten Wettkampf werde ich ... Als nächsten Sprung lerne ich ... Wenn ich dazu joggen musste, Gymnastik machen, Work-outs im Gym: Kein Problem. Mein Ziel war, in der Luft besser zu werden, und was auch immer es brauchte, um das zu schaffen, war ich bereit zu tun. Mehr. Besser. Härter. Noch mal. Wieder auf den Turm. Springen. Rausklettern.

↘ Das Dreimeterbrett mochte ich in meiner Jugend am liebsten.

Und wieder. Und wieder. Falsch eingetaucht? Schmerzen gehören dazu. Nicht jammern. Analysieren, verbessern. Und weiter.

Meine ersten Trainer waren gut. Nicht Weltklasse, aber gut. Sie haben mir die Basis beigebracht, von der ich meine gesamte Karriere hindurch profitiert habe, nämlich eine wirklich saubere Technik. Entscheidender war vielleicht, dass ich in unserer Trainingsgruppe der Jüngste war. Andere waren zwei, drei, teilweise vier Jahre älter als ich. Als Teenager sind das Welten: Sie waren stärker als ich, größer und schneller. So war ich gezwungen mitzuziehen, oder anders gesagt: Die Älteren haben mich gezogen.

Was uns noch ausgezeichnet hat, war der Zusammenhalt innerhalb dieser großen, bunten Gruppe. Im Wettbewerb ist Springen zwar ein Einzelsport, aber abseits davon trainiert man permanent zusammen. Man lernt voneinander, man hilft einander, man pusht sich gegenseitig. Du brauchst einen Trainerstab, einen Physiotherapeuten, jemanden, der den Bus fährt. Nur weil du allein auf dem Brett oder Turm stehst, heißt das nicht, dass du allein bist. In Summe waren wir wohl über hundert Kinder und Jugendliche im Verein, jeder kannte jeden, jeder hat jedem geholfen. Mädchen, Jungen, wir von der Spitzengruppe und auch die Neuankömmlinge: Wir waren eine Gemeinschaft, wir haben uns füreinander gefreut, sind füreinander eingestanden und haben einander vor größeren Dummheiten bewahrt. Natürlich schaffen es nie alle, sauber zu bleiben, und auch von uns Springern sind ein paar auf die schiefe Bahn geraten. Es war einfach zu leicht, die Verlockungen waren für manche zu groß. Als die ersten aus unserer Gruppe ins Gefängnis wanderten, war das für die anderen ein Warnsignal: Pass auf, in jeder Sekunde. Widerstehe den Verlockungen. Geh immer geradeaus. Halte dich vor allem von Drogen fern. Trotz der Ausreißer war es ein stabiles soziales Umfeld, das wir hier geschaffen hatten. Wir waren stolz, wir haben auf uns geachtet, auf unsere Körper, auf unsere Ernährung, und wenn es einem nicht gut ging, waren die anderen für ihn da.

Sogar die durchgeknalltesten Dealer auf der Straße haben uns in unseren Trainingsanzügen gewissermaßen respektiert. Meine Mutter kannte jeden im Viertel. Sie bekochte auch Familien, die in Schwierigkeiten waren, Arbeitslose, Gelegenheitsdealer, Jungs, die immer wieder auf der Straße landeten. Sie war eine gute Seele und im Viertel hoch respektiert. Ich war ihr Sohn, und jeder wusste das. Ich stand unter ihrem Schutz. Die Samstage waren von Reisen zu Wettkämpfen geprägt. Wir fuhren fast ausschließlich mit dem Bus, ich schlief viel. Manche Reisen dauerten bis zu acht Stunden. Oft fuhren wir nach dem Wettkampf, der meist am Nachmittag stattfand, die gesamte Nacht durch, bis wir wieder zu Hause in Cali waren. Wir kamen dann am Sonntagmorgen um fünf, sechs Uhr an, zerschlagen, bloß noch fähig den Rucksack ins Eck zu werfen, ein schnelles Frühstück einzuwerfen und etwas Schlaf nachzuholen, bevor am Montag wieder die Schule begann. Ich brachte viele Medaillen nach Hause. Anfangs hängte ich sie noch an die Zimmerwand, doch mit der Zeit wurden es einfach zu viele, und ich räumte sie in eine Schachtel. Meine Mutter war stolz auf mich, aber sie war auch kritisch: Warum bist zu Zweiter, Dritter geworden? Du weißt, dass du besser sein kannst. Sie kannte sich nicht wirklich mit den Feinheiten des Sports aus – das tut sie bis heute nicht –, aber sie war immer ein motivierender Faktor. Interessiert. Jemand, der immer Raum für Verbesserung sieht. Wie nötig ich ihren Optimismus, ihre Suche nach

Perfektion in den nächsten Jahren noch haben sollte!

Das logische große Ziel waren die Olympischen Spiele 1992 in Barcelona. Ein Traum für jeden Athleten, ganz besonders natürlich für Sportler aus kleinen Sportarten und aus kleinen Ländern. Hier haben sie die Chance, endlich auf der großen Bühne zu stehen und sich international zu präsentieren. Größer, besser, bedeutender geht es nicht. Meine Erfolge – ich hatte inzwischen etliche nationale Titel gesammelt und bei diversen internationalen Events in Südamerika abgeräumt – ließen diesen Traum einigermaßen realistisch erscheinen. Ich hatte Kubaner und Mexikaner geschlagen, die zur internationalen Spitze gehörten.

Wir waren zwei Athleten aus Kolumbien, die eine Chance hatten, nach Spanien zu fliegen: **CÉSAR SUÁREZ** und ich. Normalerweise gibt es bei internationalen Events eine Qualifikation. Wenn du die schaffst, bist du im Bewerb. Aber bei den Olympischen Spielen? Kolumbien hatte seit Jahren keine Teilnehmer mehr geschickt, also fragten wir beim Verband nach, wie wir uns qualifizieren könnten. Sie nannten uns einen Score, den wir erreichen müssten. Der war verdammt hoch, aber immerhin handelte es sich um die Olympischen Spiele. Wenn wir wirklich hart arbeiteten, sollte das machbar sein. Wir schufteten wie die Tiere. Cesar zog sogar bei mir ein, und für die nächsten Monate gab es nichts anderes für uns, als die Qualifikationsrichtlinien zu erfüllen. Wir mussten elf Sprünge vom Brett und zehn vom Turm beherrschen. Man musste an allem arbeiten, es durfte keine blinden Flecken im Repertoire geben. Auch die Sprünge, die man nicht mochte, mussten perfekt sitzen. Wann immer es hart wurde, riefen wir uns das Ziel ins Gedächtnis: Olympische Spiele! Barcelona! Die Schufterei schien sich zu lohnen: Als

← Meine ersten National Games 1988 in Ibagué, 260 Kilometer von Cali entfernt.

der große Tag kam, schafften wir die Qualifikation – beide! Jetzt war natürlich nicht die Zeit nachzulassen, denn die Qualifikation war nur der erste Schritt. Jetzt wollten wir bei Olympia selbst so gut abschneiden wie nur irgend möglich. Wir steigerten die Intensität noch. Nur nicht zu glücklich werden, bevor das eigentliche Ziel erreicht ist!

Schließlich holte uns der Landesverband zu einem Meeting: Die Qualifikationsrichtlinien geschafft zu haben sei leider zu wenig. Es gäbe keinen Platz für uns Springer im kolumbianischen Olympia-Team. Wir hätten uns zusätzlich über Weltcups und Weltmeisterschaften das Recht zur Teilnahme erarbeiten müssen. Was sollte das heißen? Ihr vom nationalen Verband habt uns doch nie dazu entsandt! Sie hatten wohl nicht damit gerechnet, dass wir die strengen Scores schaffen würden, und suchten so einen Weg, uns nicht mitnehmen zu müssen. Das war's meine Herren, und ein schönes Leben noch! Wirklich? Unser Traum zerplatzt an der harten Brust engstirniger Funktionäre.

Tja, nichts zu machen. Dieser Schlag saß. Die nächste Zeit war wirklich hart. César hörte mit dem Springen komplett auf und wandte sich Aerobic zu. Immerhin: Da sollte er später amerikanischer und panamerikanischer Champion werden. Ich war geknickt, um es milde zu formulieren. Wofür hatte ich mich an die Weltspitze hintrainiert, wofür hatte ich so hart gearbeitet? Nur damit mir dann ein Funktionär die Karotte, die in den letzten Monaten vor meiner Nase hing, wegnehmen konnte? Was nun? Alles, was ich wusste: 1992 würde ich die Schule beenden und in die Armee

↓
Zwei Stilstudien von den Nationalen Meisterschaften in Medellín. Man beachte besonders die im Vergleich zu meinen späteren Stationen nur schütter besetzten Tribünen!

eintreten, wie es jeder männliche Kolumbianer musste. Für ein Jahr. Keine Auswege. Hätte ich in Barcelona eine Medaille geholt? Vermutlich nicht. Noch heute sage ich: Geh zu jedem Wettkampf im Wissen, dass du gewinnen kannst, sonst hast du dort nichts verloren. Im Prinzip stimmt das auch, aber bei den ersten Olympischen Spielen bin ich geneigt, eine Ausnahme zu machen. Olympische Spiele sind eine Nummer größer. So brutal um die Möglichkeit einer Teilnahme gebracht zu werden riss mir das Herz heraus. Die Bewerbe in Barcelona verfolgte ich im Fernsehen. Ein Mexikaner holte Bronze vom Turm. Für uns Südamerikaner war das ein unglaublicher Erfolg, aber irgendwie war das Thema für mich durch. Die Sprungbewerbe berührten mich so viel oder wenig wie alle anderen olympischen Sportarten. Das, was scheinbar so nahe gewesen war, mehr oder minder unser Lebensinhalt für die letzten Monate und Jahre, war durch eine Glasscheibe von mir getrennt.

Nächster Punkt also, bevor ich meine sportlichen Ambitionen endgültig begraben und mich an der Universität einschreiben würde: Zwölf Monate Armeedienst. Zu meiner Überraschung gefiel mir der erstaunlich gut. Ich mochte das Strukturierte; wahrscheinlich eine Folge meines hohen Trainingsethos. Als Sportler bekam ich nach der dreimonatigen Grundausbildung außerdem ein paar Privilegien: Die restlichen neun Monate bemühten sich alle vier Teile der Armee – Navy, Air Force, Infanterie und Polizei – um ein Stipendium für uns Athleten.

Das klang interessant für mich: Gratis zu studieren, dafür Angehöriger der Armee zu bleiben. Keine Frage: In den 1990er-Jahren bei der kolumbianischen Armee zu dienen war kein Kinderspiel. Der Konflikt mit den Drogenbossen befand sich auf dem Höhepunkt. Und trotzdem: In Summe konnte ich an der Armee mehr Positives als Negatives für mich sehen. Neues lernen. Präzision kultivieren. Mit Überraschungen umgehen. In den Bergen sein.

Ich hatte außerdem Glück, der Kaserne in Cali zugeteilt und nicht ans andere Ende des Landes versetzt zu werden. Das erlaubte mir auch, weiter zu springen, denn die Armee wollte, dass ich sie bei Wettbewerben vertrat. Eine komische Situation: Plötzlich waren meine Kumpels von früher in ihren mir so vertrauten Trainingsanzügen meine Gegner.

Das Springen hatte ich nicht verlernt, und mein Leben war wirklich nicht schlecht: Nach einiger Zeit versetzte man mich zur Luftwaffe, weil dort das Sportteam der Armee stationiert war – Sprungteam hatten sie aber keines, sie hatten nur mich. Also wurde ich zum Ein-Mann-Sprungteam der kolumbianischen Armee, Einzelzimmer mit eigenem Bad, Kühlschrank und Kochplatte inklusive. Es gab einen netten Pool, ein gut ausgestattetes Fitnesscenter, ich durfte mein Trainingsprogramm nach eigenem Ermessen durchziehen. Am Freitag zu Mittag war Schluss, und ich ging heim, um erst am Montagmorgen zurückzukommen. Man konnte es wirklich schlimmer erwischen. Meine Gegenleistungen: Ich holte dem Armee-Sportklub zwei Goldmedaillen und eine Silbermedaille bei den nationalen Meisterschaften.

Ewig sollte die Herrlichkeit nicht dauern, denn nach einem Jahr war der Spaß vorbei und ich musste mich für eine Universität entscheiden. Meine schulischen Noten waren zum Schluss recht ordentlich gewesen, und ich war durchaus zuversichtlich, dass mich meine Wunsch-Universität aufnehmen würde. Ich wollte Ingenieurwissenschaften studieren, Armee und Sport hinter mir lassen und eine ganz normale Laufbahn einschlagen. Aber dann kam alles völlig anders.

DORF
Gänserndorf

Der Sprung als brennende Fackel war eines der Show-Highlights,
und dazu boten sechs Sänger und Tänzer musicalartige Einlagen dar.
→

Ich inskribierte Elektrotechnik an der staatlichen Universität von Kolumbien. Anfang der 1990er-Jahre war absehbar, dass Mobiltelefonie und Internet die großen Dinge der Zukunft werden würden: Ich fand das spannend. Die Universität an sich war toll, allerdings war es nicht besonders einfach, mit dem Studium voranzukommen.

ES WURDE VIEL GESTREIKT,

und um – am Papier – ein Semester abzuschließen, dauerte es zwei. Geld war wie immer knapp – während der Militärzeit hast du keine Chance, etwas anzusparen. Das bisschen Sold hatte ich in bessere Ernährung investiert, zum Beispiel in ein schönes Stück Thunfisch, wenn das Kasernenessen wieder einmal ungenießbar gewesen war.

Jedenfalls stellte sich mir nach den ersten Semestern auf der Uni die Sinnfrage: Die Frage, ob ich nicht vielleicht doch einen regulären Job annehmen und endlich ein wenig Geld verdienen sollte, verankerte sich hartnäckig in meinem Kopf. Ich mochte die Universität, die Atmosphäre, die Kommilitonen – aber unterm Strich ging mir zu wenig vorwärts, und der Gedanke, meiner Mutter noch länger auf der Tasche zu liegen, behagte mir gar nicht.

Eines Tages meldete sich **MARIO**, ein alter Freund, den ich auf einem Wettkampf in Argentinien getroffen hatte. Er war ebenfalls Wasserspringer und zeigte mir Fotos seines letzten Jobs: Da gab es einen Safaripark irgendwo in Europa, in einer Kleinstadt in Österreich in der Nähe von Wien. Gänserndorf. Nie gehört. (Muss man auch nicht.) Im Safaripark von Gänserndorf waren Springer die große Attraktion – neben exotischen Tieren. Nicht gerade die Olympischen Spiele, aber immerhin sei das eine Möglichkeit, gutes Geld zu verdienen, meinte Mario. Ein paar Sprünge, freie Unterkunft, ein Dreijahresvertrag. Wenn ich interessiert sei, würde er bei den Betreibern ein gutes Wort für mich einlegen. Dann ging alles blitzschnell: Einer der Athleten dort war von Bord gegangen, und wenn ich dessen Job wollte, müsste ich innerhalb zweier Tage zusagen.

Von einer Leiter in einem Safaripark in einen Pool springen? Nicht unbedingt das, was sich meine Mutter unter der idealen Zukunft ihres Sohnes vorgestellt hatte, aber da stand ich also. Meine Entscheidung fiel innerhalb von Sekunden. Worauf hätte ich warten sollen?

Ich nahm eine Auszeit von der Universität, packte meine Siebensachen, erledigte all den Papierkram, setzte mich in ein Flugzeug nach Europa und da stand ich nun: Im Safaripark von Gänserndorf. Erster Eindruck: Es war Anfang April, Europa, es war sehr kalt, wir wohnten in einem Containerdorf mitten zwischen den Tieren, aber hey: Ich hatte einen Dreijahresvertrag in der Tasche, ich hatte die Chance, Geld anzusparen und nach den drei Jahren zurück nach Hause zu fahren, hoffentlich mit genügend Geld, um mein Studium zu beenden, etwa an einer privaten Universität, die zwar teurer, aber auch effizienter sein würde als die staatliche. Wie hätte ich ahnen sollen, dass ich nie wieder einen Fuß in eine Universität setzen sollte, dass mein Leben soeben einen Salto mit Schraube gemacht hatte?

Mir gefiel, wie strukturiert und organisiert Europa war. Mir gefiel überhaupt sehr viel an meinem neuen Leben. Vieles, was in Kolumbien gar nicht oder nur nach mehreren Anläufen funktionierte, klappte hier einfach. Das Team war sehr international: Australier, Amerikaner, Kanadier, Venezolaner, Kolumbianer arbeiteten multilingual und auf vielen Ebenen ganz selbstverständlich zusammen. An meinen freien Tagen fuhr ich nach Wien und entdeckte die Großstadt, abends saßen wir zusammen und hatten Spaß – all die Athleten, die Arbeiter, die gesamte riesige bunte Truppe, die es brauchte, um den Park und die Shows am Laufen zu halten. Wir kochten, grillten, lachten, fuhren gemeinsam fort – eine tolle, eine unvergessliche Zeit unter Gleichgesinnten, die weit weg von zu Hause waren. Das verbindet.

Freilich war nicht immer alles perfekt. Es kam immer wieder zu kleineren Verletzungen, durch die man sich durchbeißen musste, aber auch hier hielten wir zusammen.

Klar war es Arbeit, aber für mich fühlte sich Gänserndorf an wie ein Ferienlager – und das, obwohl ich meinen Job ein klein wenig ernster nahm als viele meiner Kollegen. Ich wollte an meinen Sprüngen arbeiten – immerhin würde ich den ganzen Sommer lang nichts anderes zu tun haben – und zweitens so viel Geld wie möglich zur Seite legen, um nach Ende des dritten Sommers in Europa mein Leben in Kolumbien wieder aufzunehmen.

Wenn ich sage, dass das Leben im Safaripark die Atmosphäre eines Ferienlagers hatte, dann lag das auch daran, dass viele Zuschauer kamen, darunter massenhaft Kinder. Dabei sind wir keinesfalls auf der faulen Haut gelegen. Jeden Wochentag mussten wir drei Shows absolvieren, am Wochenende je vier. Die Tage begannen damit, dass wir um acht Uhr morgens den Pool und die Leiter, von der wir springen würden, checkten und vorbereiteten. Dann besprachen wir das Showprogramm für den Tag. Danach blieb ein wenig Zeit, um aufzuwärmen und ein paar Probesprünge zu absolvieren, bevor die Tore des Parks öffneten und die Zuschauer ins Areal strömten.

Typischerweise begannen wir mit ein paar Sprüngen vom Dreimeterbrett, wie man sie auch in einem regulären Wettkampf irgendwo auf der Welt zeigen würde. Danach kamen meist ein paar Synchronsprünge, bevor es in größere Höhen ging. Ein Fixpunkt war die Show-Einlage mit einem Komiker, wo wir scheinbar Sprünge ohne jegliche Kontrolle machten, sehr zum Gaudium der Kinder. Danach wieder feine Klinge vom Dreimeterbrett, während einer von uns einen feuerfesten Anzug anzog, ihn in Flammen stecken ließ und als brennende Fackel in den Pool sprang. Das war aber noch nicht der Höhepunkt der Show. Der bestand nämlich darin, dass einer ganz nach oben an die Spitze der Leiter kletterte und aus 25 Meter Höhe in den Pool sprang.

Wir waren die meiste Zeit über fünf Athleten, und sowohl beim Feuer-Sprung als auch bei dem aus großer Höhe wechselten wir uns ab. Das waren wirklich ernsthafte Einsätze, bei denen nichts schiefgehen durfte, auch nicht langfristig. Immerhin sprangen wir rund 20 Shows pro Woche, selbst wenn das Wetter schlecht war. Regen, 15 Grad? Wozu gibt es Neoprenanzüge? Aber unterm Strich war es eine wirklich gute Zeit, und die lauen Sommerabende, wenn der Park seine Tore bereits geschlossen hatte, wir am Pool saßen, gemeinsam quatschten und trainierten oder auch gar nichts machten, gehören zu den schönsten Erinnerungen an diese Zeit.

Freilich war nicht immer alles perfekt. Es kam immer wieder zu kleineren Verletzungen, durch die man sich durchbeißen musste, aber auch hier hielten wir zusammen. Wer angeschlagen war, bekam ein leichteres Programm, und die anderen übernahmen Sprünge für ihn. Wir Wasserspringer waren die große

Attraktion im Park. In meinem ersten Jahr gab es zusätzlich eine Trampolin-Show mit einem Amerikaner und einem Kanadier plus eine Sänger-Showtruppe, aber die wurde danach fallen gelassen. Es gab immer wieder Versuche, andere Attraktionen zu etablieren, aber der Fixpunkt blieben zumindest in meiner Zeit dort wir Springer.

Im Herbst schloss der Park seine Tore, und anstatt nach Hause in die Wärme zu fliegen, beschloss ich, in Europa zu bleiben und noch ein wenig Geld zu verdienen, bevor die Safaripark-Saison im April wieder beginnen würde.

Was also macht ein Kolumbianer im europäischen Winter? Er lernt Skifahren! Ich zog nach Kitzbühel, in die berühmte Stadt in den Tiroler Bergen, organisierte mir einen Job als Barkeeper und kaufte ein Paar Ski. Ich war zwar noch nie zuvor Ski gefahren, aber gewisses sportliches Talent ist mir ja nicht abzusprechen, und vor allem hatte ich die Chance, jeden Tag zu üben. Ich verbrachte ausnahmslos jeden Tag auf der Piste, bei jedem Wetter, duschte abends kurz und zog mich um, bevor um 19 Uhr mein Job in der Bar begann. Um zwei Uhr morgens war Sperrstunde, um neun Uhr stand ich wieder am Lift. An mein Zimmer in Kitzbühel habe ich keine Erinnerungen mehr, was vermutlich daran liegt, dass ich es hauptsächlich zum Schlafen benutzt habe – und das kaum.

Der kommende Sommer – Sommer 1998 – bedeutete wieder volles Programm im Safaripark Gänserndorf. Ohne es zu wissen gab mir diese Routine von so vielen Sprüngen jeden Tag, von Sprüngen aus großer Höhe in ein kleines

→
Show-Element: Ein Brett ist vermeintlich schadhaft, wir müssen es austauschen – woraufhin einer von uns scheinbar außer Kontrolle in den Pool stürzt.

↙
Wir sprangen rund 20 Shows pro Woche, selbst bei schlechtem Wetter. Regen, 15 Grad? Wozu gibt es Neoprenanzüge?

Becken, das Rüstzeug für meine spätere, meine eigentliche Karriere. Normalerweise ist ein Pool 20 Meter lang, 18 Meter breit und fünf Meter tief. Du springst aus 20 Metern rein. Perfekte Bedingungen! Hier in Gänserndorf sprangen wir aus 25 Metern in einen runden Pool, Durchmesser sieben Meter – selbst bei Wind. Winzig! Da passt du umso mehr auf, was du machst, und liest die Elemente umso genauer. Links und rechts vom Körper nur drei Meter Platz zum Beckenrand – die Präzision kommt da ganz von selbst.

Eines Abends, noch im Sommer des vorigen Jahres 1997, hatte ich in meinem Container auf dem Fernsehsender Eurosport gesehen, dass ein Energydrink-Hersteller ein Cliff-Diving-Event veranstaltete. Diese Firma hieß Red Bull, ich hatte das Logo schon ein paar Mal gesehen. Die Eurosport-Übertragung blies mir das Hirn weg: Das, genau das war es, was ich machen wollte! Das konnte ich, das war mein tägliches Brot: Aus großer Höhe ins Wasser springen. Ich war recht sicher, dass ich, wenn ich ein wenig auf so ein Event hintrainierte, ganz passabel abschneiden würde. Technisch war ich zu dieser Zeit wirklich gut, auch routiniert. Mein australischer Freund **KEN GROVE** versprach mir sogar, für diesen Sommer eine Wildcard für mich aufzutreiben, damit ich mich mit den weltbesten Klippenspringern messen könne. Mit dieser freudigen Nachricht tauchte ich bei meinem Chef auf, doch der reagierte gar nicht begeistert, im Gegenteil. Da war leider nichts zu machen: In meinem Vertrag stand, dass ich alle vereinbarten Shows im Safaripark Gänserndorf springen musste, und außertourliche Ausflüge zu obskuren Klippenspring-Events waren da leider nicht drin. Nein, auch nicht, wenn es sich um eine Weltmeisterschaft handle. Das müsse ich einsehen. Schade war es trotzdem. Sehr schade. Aber das

Gefühl, nicht mitmachen zu dürfen, kannte ich ja bereits von den Olympischen Spielen in Barcelona.

Als Folge dieser Erfahrung schaffte ich es tatsächlich, für die kommende Saison 1999, die meine letzte im Safaripark Gänserndorf sein sollte, eine kleine Änderung in den Vertrag schreiben zu lassen: Ich würde für ausgesuchte sportliche Events freigestellt werden.

Im Herbst 1998, nach eineinhalb Jahren in der Fremde, flog ich zum ersten Mal wieder nach Hause nach Kolumbien. Rund um den Jahreswechsel gibt es in Cali traditionell große Partys, und es war wunderschön, all meine Freunde und die Familie wiederzusehen.

In dieser Zeit kontaktierte mich die amerikanische Firma, über die mein Vertrag mit dem Safaripark Gänserndorf lief: Ob ich Interesse hätte, für drei Monate bei einer Show auf Hawaii mitzuwirken? Lass mich kurz nachdenken: Hawaii? Schaffe ich es, danach rechtzeitig zurück in Europa für meinen letzten Sommer im Safaripark zu sein? Ja? Okay, bin schon unterwegs!

Hawaii war großartig, sowohl landschaftlich als auch von den Trainingsbedingungen her, und als ich pünktlich im April 1999 wieder im Safaripark einrückte, war ich ein routinierterer und technisch besserer Springer, als ich es je zuvor gewesen war.

Das Red-Bull-Cliff-Diving-Event, zu dem ich in diesem Jahr nun eingeladen war, sollte im Juli im Süden der Schweiz an einem See stattfinden, und ich aktivierte all mein Trainingsethos, all meinen Fleiß und alle Akribie, um mich dort würdig zu präsentieren. Immerhin war die Cliff-Diving-Weltmeisterschaft mein erster Auftritt auf der ganz großen internationalen Bühne. Die zehn besten Springer der Welt, dazu vier Wildcards, von denen ich eine bekommen hatte. Wow! Nun galt es, die Qualifikation zu überstehen und in die Top Ten zu kom-

→ **Das Beste, das man über unsere Kostüme sagen kann: Sie ließen sich sehr schnell wieder ausziehen.**

men. Das gelang mir mit einem vierten Platz erstaunlich souverän. Noch mal: Wow! Das war das Beste, das ich mir erträumen konnte. Am Tag der Weltmeisterschaft gelangen meine Sprünge wie aus dem Bilderbuch. Bis zur letzten Runde lag ich sogar in Führung und belegte schließlich den zweiten Platz hinter einem Australier. Orlando Duque, Silbermedaille bei der Cliff-Diving-WM. Ein drittes Wow! Ich war eigentlich nur gekommen, um mir das anzusehen, und fuhr mit Silber zurück in den Safaripark. Ich dachte schon, dass ich mich nicht blamieren würde, aber gleich auf dem Podest? Meine Sprünge waren zwar technisch schwierig gewesen, aber ich hatte dabei ein wenig Sicherheit eingebaut. Immerhin musste ich ja am Montag wieder pünktlich als menschliche Fackel von der Safaripark-Leiter springen. Andere Springer riskierten ein Quäntchen mehr – und vielleicht hat sie genau das wertvolle Punkte gekostet, weil die Ausführung nicht so sauber war wie bei mir. Egal, die Medaille konnte mir niemand mehr nehmen.

Sogar meine Mutter zu Hause hatte die Übertragung im Fernsehen gesehen und freute sich unbändig – genau wie meine Freunde zu Hause in Kolumbien, in Kitzbühel und im Safaripark.

Ich saß noch im Zug zurück nach Gänserndorf, da läutete mein Telefon. In der Leitung jemand von Red Bull: Man würde sich glücklich schätzen, mich zu einem weiteren Event, das im Spätsommer in Lake Havasu in Arizona, Amerika stattfinden würde, einfliegen zu dürfen. Na selbstverständlich komme ich! Die Zeit bis dahin verbrachte ich mit noch mehr Training, und die Tage flogen dahin. Um die Geschichte abzukürzen: In Amerika belegte ich abermals Platz zwei. Langsam begann ich an meine Zukunft im Cliff Diving zu glauben: Jeder der zweiten Plätze hatte mir drei- bis viertausend Euro an Preisgeld eingebracht – Geld, das ich dringend gebrauchen konnte. Und zwar nicht, um meinen zweiten Anlauf auf einen Ingenieurstitel an der Universität zu machen, sondern um so hart trainieren zu können, dass ich mich nachhaltig an der Weltspitze etablieren und endlich, endlich meinen großen Traum zu verwirklichen, eines Tages vom Cliff Diving leben zu können. Ich wollte schwierigere Sprünge zeigen als alle anderen und dabei gleichzeitig in der Komfortzone bleiben. Das hatten mir meine zwei zweiten Plätze als Einsteiger gezeigt: Wenn du cool bist, überträgt sich das auf deine Wertung. Du machst weniger Fehler. Bleibst selbstsicher. Von der Kombination aus technischer Schwierigkeit und relaxter Ausführung versprach ich mir viel. Jetzt lag es daran, diese Idee in die Realität umzusetzen. Nach Ablauf meines Vertrags in Österreich packte ich meine Sachen, sagte Lebewohl und begann zurück in Kolumbien ein strukturiertes, intensives Training. Ich sah meine Chance und wollte sie nutzen, koste es, was es wollte.

Es traf sich perfekt, dass mein sportlicher Aufstieg parallel zum Aufstieg des Sports verlief. Red Bull hatte große Pläne und wollte künftig regelmäßige Cliff-Diving-Events veranstalten, außerdem bemühte man sich um das Prädikat einer offiziell Weltmeisterschaft. Was soll ich sagen: In der Saison 2000 gewann ich jedes Event, zu dem ich antrat, und fügte in den kommenden Jahren Siege und Titel zu meinem Lebenslauf hinzu. Ich war in der Welt der Cliff Diver angekommen.

B
A
P
S
RedBull

U
R
N
G

ORLANDO DUQUE / COL

Beim Turmspringen sind zehn Meter die größte Höhe, die du bewältigen musst.

DIESE HÖHE

kann jeder schaffen, der einigermaßen fit ist. An zehn Meter gewöhnt man sich. Wer auch nur eine passable Sprungtechnik hat, wird mit zehn Metern rasch zurechtkommen, und ich würde ihn ermutigen, gern noch höher zu gehen, wenn er sich wohlfühlt.

Wenn du ein paar Tricks berücksichtigst, sind auch Sprünge aus größerer Höhe sicher, sofern die Bedingungen passen. Klar: Ab 15 oder 20 Metern wird es gefährlich, sobald du einen Fehler machst. Ich habe ein paar Jungs zu Absprunghöhen bis rauf auf 27, 28 Meter begleitet, und wir haben stets bei kleineren Höhen begonnen und so lange Wiederholungen gemacht, bis die Bewegungen wirklich am Punkt waren. Erst dann sind wir ein wenig höher gegangen und haben das Prozedere wiederholt.

Es braucht mindestens drei, vier Wochen intensiven körperlichen und geistig mindestens so anstrengenden Trainings, bis du bereit bist, ohne unberechenbares Nervenflattern von ganz oben zu springen.

Viele Sportler mit guten Voraussetzungen haben irgendwann einmal kein Problem mehr damit, aus 20 Metern abzuspringen. Doch dann setzt die mentale Blockade ein. 27 Meter, ganze sieben Meter mehr, das scheint ihnen unmöglich. Sie denken an die möglichen Konsequenzen eines Fehlers, daran, wie hart das Wasser beim Aufprall sein wird, an die schiere Höhe und den Fakt, dass der Mensch nicht freiwillig so tief fällt. Auf einen Berg, der 5000 Meter hoch ist, steigt bald einmal jemand. Auf den Mount Everest schaffen es nur die wenigsten.

Als Coach musst du die mentale Blockade lösen und deinen Schülern das Selbstvertrauen geben, einen Sprung aus 27 Metern so zu sehen und so durchzuziehen wie einen aus 20. Das ist nämlich der Irrtum, den viele begehen: Sie glauben, von 27 Metern viel mehr Zeit für den Sprung zu haben, weil sie ja auch um so viel höher abspringen. Was sie dabei vergessen, ist, dass sie ja auch um so viel länger beschleunigen. Ich sage immer: Addiert die sieben Meter unten und stellt euch vor, wie schnell ihr da bereits unterwegs seid. Man kann die Physik nicht austricksen, man kann sie nur korrekt analysieren und interpretieren.

Ein Fehler, den Newcomer gern machen, die bislang höchstens von fünf oder zehn Metern gesprungen sind: Sie stehen an der Kante und starren nach unten. Man kann auch mit geradem Kopf an der Kante stehen und mit den Augen allein nach unten schauen. Auf diese Art behältst du die Balance des Körpers bei, die völlig aus den Fugen gerät, wenn du mit dem Kopf rumwackelst. Das gilt auch für die Flugphase: Du musst in der Luft die Balance behalten. Mein Bild: Du versuchst auf einer Eisenbahnschiene zu balancieren. Was machst du? Du breitest die Arme aus und gleichst Bewegungen des Körpers damit aus. Viele Anfänger wollen mit angelegten Armen springen. Falsch! Du brauchst die ausgestreckten Arme, um die Körperposition während des Falls korrigieren zu können. Die Arme sind deine Flügel, und

hast du schon jemals einen Vogel mit angelegten Flügeln fliegen sehen? Erst zum Schluss, direkt vor dem Eintauchen ins Wasser, ziehst du die Arme zum Körper.

Noch ein entscheidender Punkt: Bei Sprüngen an Land federn wir die Landung mit den Beinen ab. Logisch. Bei der Landung im Wasser ist das genaue Gegenteil richtig. Wir strecken uns in dem Moment, in dem wir das Wasser berühren, und drücken das Wasser weg. So tauchen wir kontrolliert ein.

Viele lassen sich von der Vielzahl an Informationen beeindrucken und vergessen dabei die Basics. Das ist das Um und Auf beim Cliff Diving: Bleib locker und sieh jeden Sprung so wie die, die du schon oft gemacht hast. Denk nicht zu viel nach, sondern verlasse dich auf die Informationen und positiven Erfahrungen, die dein Körpergedächtnis gespeichert hat.

Das sind ein paar so kleine Details, die dein Leben als Springer einfacher machen. Nicht jeder hat den Luxus, auf fremde Erfahrungswerte und Tricks zurückgreifen zu können oder zu wollen. Ich musste mir den Großteil meiner Erfahrung noch selbst aneignen, genauso wie viele der Athleten der ersten Generation der Red Bull Cliff Diving World Series.

Die 25 Meter, von denen ich im Safaripark springen musste, waren eine harte, aber gute Schule. Wechselnde Bedingungen, kleine Absprung-Plattform, winziger Pool. Es brauchte Routine und Hunderte Sprünge unter diesen Bedingungen, um auch hier eine Art von Gewöhnung zu erreichen.

Die Herausforderungen bei meinem ersten Wettkampf in der Schweiz waren wieder anderer Natur: Die Plattform war zwar »nur« 24 Meter hoch, sie war auch größer, aber dafür sprangen wir in einen See, und das Wichtigste: Im Bewerb mussten wir damals drei Sprünge ab-

Red B

solvieren, und du durftest keinen einzigen davon verhauen, wenn du in der Gesamtwertung vorn sein wolltest. Der Druck in diesem Fall entstand also mehr aus der geforderten Konstanz.

Lake Havasu, meine dritte Erfahrung mit Sprüngen aus extremen Höhen, war wieder ein anderer Fall: Absprunghöhe 28 Meter, mein persönliches Maximum zu jener Zeit. Meine Vermutung: Den Jungs, die die Plattform aufgestellt hatten, war der gewaltige Unterschied zwischen 25 und 28 Metern nicht bewusst. Drei Meter: Das ist in vielen Freibädern der höchste Sprungturm! Aber okay, wir konnten auch mit 28 Metern umgehen und haben unsere vier gewerteten Sprünge aus dieser Höhe gemacht. Das war einer der härtesten Bewerbe für den Körper, und folglich hat es auch etliche Verletzungen gegeben. Mir ist zwar nichts passiert, aber der Schluss, den ich aus dem Event am Lake Havasu gezogen habe, war: Stell dich auf unterschiedliche Höhen ein, erwarte das Unerwartete. Sei immer einen Schritt voraus. Einmal ist die Plattform 25 Meter hoch, einmal 28. Im Meer hat der Tidenhub einen Einfluss auf die tatsächliche Fallhöhe, bis du ins Wasser eintauchst. Einmal springst du in einen Pool mit brettebener Oberfläche, einmal hast du mit Wellen zu kämpfen. Hier springst du in Süß-, dort in Salzwasser. Lerne, all das zu beherrschen. Arbeite an deinem Werkzeugkasten als Springer. Die Routine, die täglichen Sprünge unter schwierigen Bedingungen im Safaripark in Österreich hatten mich gut auf ein Leben als Cliff-Diving-Profi vorbereitet, aber wenn ich der Konkurrenz voraus sein wollte, musste ich an meiner Vielseitigkeit arbeiten.

←
Unfassbares Bild beim Blick nach unten: Boote soweit das Auge reicht, tausende Augen. Kragerø, Norwegen.

Immerhin hatte ich nie Angst vor großer Höhe. Respekt durchaus, aber keine Angst. Ich weiß genau, was es bedeutet, wenn ich aus 25 Metern springe und einen Fehler mache. Natürlich schreit das innere Alarmsystem auf: Orlando, das ist hoch, pass auf! Was du vorhast, ist gefährlich! Ich genieße diese Alarmschreie, und bis zu einem gewissen Grad brauche ich sie auch, um zu funktionieren. Sie machen dich wach und alert, sie bewirken, dass du denkst. Du konzentrierst dich mehr, du kontrollierst dich bewusster. Du bist ganz bei dir. Dass ich den Sprung machen werde, steht außer Zweifel, wenn ich auf die Plattform klettere. Manche meiner Gegner halten das anders. Die klettern auch mal runter, wenn sie sich oben unwohl fühlen. Das ist eine Frage der Persönlichkeit. Ich mache das nicht. Wenn ich oben stehe, ist mein einziger Weg runter jener durch die Luft, nicht über die Leiter. Mir wäre das zu anstrengend: Den gesamten mentalen Prozess zu durchlaufen bis zum Moment, an dem ich oben an der Kante stehe, und dann einen Rückzieher zu machen.

Wenn die Bedingungen nicht okay sind, wenn es zu windig ist, zu kalt, wenn die Wellen zu hoch sind oder mir sonst irgendwie unwohl ist bei dem Gedanken raufzuklettern, dann spare ich mir die mentale Energie, und ich klettere erst gar nicht hoch. Mein Location-Check findet unten statt, nicht oben. Wenn ich für mich befunden habe, dass alles sicher ist, dann ist das der Point of no Return, Minuten vor dem eigentlichen Sprung.

Weil klar ist, dass ich springen werde, bereitet sich auch der Körper darauf vor, und der Geist versucht, den Körper zu beschützen, indem er Warnsignale aussendet. Dieser Zwiespalt befeuert dich und versetzt dich in einen Zustand, der nichts mit Alltag zu tun hat. Es ist aufregend, es ist gefährlich, es bedeutet viel

Adrenalin, und natürlich kann man diesen Ausnahmezustand auch genießen. Ich würde sogar sagen, er ist einer der Hauptgründe, warum mich der Sport seit mittlerweile drei Jahrzehnten fesselt und nicht mehr loslässt.

Die Möglichkeit sich zu verletzen ist beim Cliff Diving real. Sehr real. Du weißt, wenn du oben abspringst, dass die Landung aus 25 oder 28 Metern niemals schmerzfrei sein wird, selbst wenn du perfekt eintauchst. Aus Verantwortung meinem Körper, meiner Gesundheit gegenüber will ich alles so richtig machen, wie es nur irgendwie möglich ist, wenn ich abspringe. Es darf keine Zweifel geben, wenn du dich von der Plattform abstößt. Null. Das Schlimmste wäre, ohne Spannung und bloß beiläufig abzuspringen, in einem halben Totstellreflex gefangen, bloß um den Sprung hinter sich zu bringen. Das ist ein sicheres Rezept für Desaster.

Im Lauf der Jahre habe ich mir einen detaillierten Plan zurechtgelegt, wie man sicher aus großen Höhen springt. Der wichtigste Teil, aber auch der langweiligste und unsichtbare, ist das Training abseits der Saison. Klingt fad, aber die Stunden um Stunden, die ich im Winter auf dem Fahrrad, in meinen Laufschuhen oder im Fitnesscenter verbringe, sind die Basis für alles. Wiederholungen, endlose Wiederholungen. Wer selbst mit dem Sport beginnen möchte, soll sich besser an den Gedanken gewöhnen, dass Cliff Diving ein Sport ständiger Wiederholungen ist. Wenn du den Fernseher einschaltest und uns durch die Luft wirbeln siehst, ist das bloß die Momentaufnahme ewig gleicher Bewegungsabläufe, die unser Leben bestimmen, sowohl körperlich als auch mental.

Jeden Sprung, jede Sprungsequenz zerlege ich in einzelne Segmente. Bei einem neuen Sprung sind es meistens 15. Ich beginne dabei mit dem Weg auf die Plattform, und der Film endet erst mit dem Auftauchen aus dem Wasser. Diese Segmente spiele ich mir in meinem Kopfkino immer und immer wieder vor, bis ich jedes Detail, jede winzige Kleinigkeit mit meinem gesamten Körper spüre.

Jetzt kommt der nächste Schritt: Ich fasse einzelne Segmente zusammen. Statt 15 hat mein Sprung jetzt nur noch 12 Segmente. Ungefähr nach einer weiteren Woche, in der ich die 12 nun komplizierteren, weil längeren Segmente so verinnerlicht habe wie die einst 15, reduziere ich weiter, etwa auf 7. Am Tag des Wettkampfs kann ich die Augen schließen und den perfekten Sprung in einem Stück in meinem Kopf ablaufen lassen, sogar mehrmals am Stück. Ich sehe, fühle, höre alles, was ich mache, was mein Körper in der Luft macht. Der Sprung ist ein Teil von mir geworden, er existiert als ganz konkretes Bild in

↓ **Mit Musik in die Zone kommen: Startvorbereitungen in Norwegen.**

meinem Kopf, das ich nun mit meinem Körper fehlerlos nachmalen kann.

Die zweite mentale Ebene im Vorbereitungsprozess sind Atemübungen. Natürliche Reaktion des Körpers, wenn er Furcht oder Freude oder Aufregung spürt: Die Atmung beschleunigt sich, und das treibt den Herzschlag hoch. Ich will das nicht, denn es stört meine Konzentration. Durch Atemübungen, bei denen ich in meinen Magen hineinatme, beruhige ich Atem und Herzschlag und gehe ganz in mich. Ich kann mich nicht konzentrieren, wenn das Herz rast. Es gibt Kollegen, die halten das genau umgekehrt. Die müssen aufgedreht sein, brusttrommeln und rumschreien, bevor sie springen. Manche laufen die Stufen zur Plattform rauf und runter, andere schlagen sich auf Arme und Beine, andere ziehen sich zurück und beten. Selbst im Fernsehen oder auf Videos sieht man die unterschiedlichen Charaktere in der Springerwelt. Wenn du weißt, dass du gleich aus 25 Metern ins Meer springen wirst, gibt es keine Chance, dein wahres Wesen zu maskieren. Die Extremsituation der Angst, die Furcht vor der Höhe holt deinen Wesenskern schonungslos ans Licht. Du bist extrovertiert? Dann bist du es hier auf der Plattform erst recht. Versuch erst gar nicht, dich zu verstellen. Das kostet nur Energie und würde ohnehin nicht funktionieren. In Extremsituationen macht jeder das, was instinktiv in seinem Wesen steckt.

Nur weil ich mich vor den Sprüngen völlig in mich versenke, heißt das nicht, dass ich nicht in die Kameras winken oder den Ausblick von oben genießen könnte. Das läuft zum Teil automatisch

↘
Am Strand gibt es kein Equipment, das dir hilft, dich aufzuwärmen und zu dehnen. Dein Körper ist dein einziges Tool.

Die Essenz des Cliff Diving: Stein, Luft, Meer, du. Azoren, Portugal. →

ab, zum Teil genieße ich es aber auch. Ich bin völlig bei mir und nehme Eindrücke sehr intensiv auf. Ich bin dankbar dafür, hier zu stehen, vor Tausenden Menschen, die mir dabei zusehen wollen, wie ich etwas mache, das nur wenige Menschen auf der Welt können. Einmal sind wir mit der Red Bull Cliff Diving World Series vor 80 000 Live-Zuschauern gesprungen. Das ist wohl ähnlich, wie sich ein Fußballprofi fühlt, der in ein ausverkauftes Stadion einläuft. Der Sprecher nennt deinen Namen und bittet die Zuschauer um Ruhe, und es wird still. Ich gehe an den Rand der Plattform und sehe all diese Köpfe. Ich spüre die Anspannung der Fans und bin ganz in mir. Noch einmal gehe ich den Sprung in meinem Kopf durch. Dann signalisiere ich den Sprungrichtern, dass ich bereit bin, und gehe zur Kante. Ich schaue in die Tiefe und mache ein geistiges Foto von der Wasseroberfläche. Das ist das Bild, das ich nach all meinen Salti und Schrauben sehen werde, bevor ich ins Wasser eintauche.

Ich spüre meinen Herzschlag, ich spüre das Ziehen in der Brust, das immer da ist, ich spüre die Spannung in der Luft, die nicht nur von mir, sondern auch von den Zuschauern kommt. Jetzt wird alles ruhig. In mir ist alles ruhig. In der Außenwelt ist alles ruhig. Ich nehme noch einen letzten Atemzug und springe ab.

Jetzt der Sprung. Du machst, was du trainiert hast, und kontrollierst währenddessen ständig deine Körperposition. Jetzt kommt jene Phase, die ich am liebsten mag: Das Gefühl immenser Beschleunigung während des freien Falls. Du spürst die Luft an deiner Haut, in deinem Gesicht, aber vor allem hörst du das Pfeifen des Windes in deinen Ohren.

Dann beendest du deine Drehungen und machst dich für die Landung bereit. Du siehst das Bild der Wasseroberfläche, das du einige Sekunden zuvor oben an der Plattform abgespeichert hattest. Der nächste Moment ist ein lautes Geräusch. Wirklich laut. Wild. Archaisch. Toben. Das ist der Moment, in dem du ins Wasser eintauchst. Der Moment der Wahrheit. Jetzt entscheidet sich, ob du alles richtig gemacht hast. Solange du in der Luft bist, kannst du versuchen, Fehler zu korrigieren. Sobald deine Füße die Wasseroberfläche berühren, ist es dafür zu spät.

Einen Moment später ist alles wieder ruhig. Totale Stille. Erlösung. Alles ist gut gelaufen, die Spannung fällt ab. Du tauchst auf, hörst die Menschen, schwimmst zum Ufer und wartest auf die Wertung der Punktrichter. Auch nach vielen Tausenden Sprüngen in meinem Leben zittern meine Hände noch immer, wenn ich wieder an Land gehe.

Zwischen all diesen unterschiedlichen Welten, der nervösen Konzentration, dem Stehen über der Menge, dem Moment des Abstoßens, des Fallens, der Präzision, des Lärms, des Eintauchens, der Stille, der Erleichterung liegen nur wenige Sekunden. Diese verdichtete Erlebniswelt kann dir nur ein Sprung geben.

Da half die Erfahrung aus Gänserndorf: In Norwegen war es so neblig,
dass man die Wasseroberfläche nicht sehen konnte und wir Bojen zur Orientierung benötigten.
→

DIVING

→ Unendliche Leere auf der einen Seite, gewaltige Menschenmassen auf der anderen: Tour-Stopp in Italien.

Red Bull

Cuba

↑ **Beim Eintauchen wird der Körper mit 5G verzögert – das entspricht einem mittleren Verkehrsunfall.**

Ein wahnsinnig lauter, aggressiver Moment: wenn dein Körper ins Wasser eintaucht.
Jetzt zeigt sich, ob du alles richtig gemacht hast.
→

Red Bull

↑
Die Antithese zum Bild auf Seite 65:
Die Ruhe unter Wasser vor dem Moment des Auftauchens.

**Vor meinem allerersten Sprung als Kind wusste ich nicht, ob ich schwimmen konnte.
Heute bin ich mir dessen doch einigermaßen sicher.**
→

RÖK

Red Bull
P
E
R

Angela Passenbrunner, die Physiotherapeutin der Red Bull Cliff Diving World Series, kennt unsere Körper und ihre Wehwehchen besser als jeder andere.
→

Verletzungen gehören bei Klippenspringern zum Beruf, und ich bin da keine Ausnahme.

EIN KLASSIKER,

mit dem so gut wie alle an irgendeinem Punkt ihrer Karriere zu kämpfen haben, ist das gebrochene Steißbein. Es kommt daher, dass man irgendwann leicht überrotiert, und dann muss dieser Knochen die ganze Belastung aufnehmen. Das geht leider nur bis zu einem gewissen Punkt gut. Bei mir war es im Jahr 2002 so weit.

Zweiter Klassiker: Gezerrte oder gerissene Adduktoren. Den Grund dafür kann man sich leicht vorstellen: Du hast bei der Landung die Beine nicht völlig geschlossen, und der Druck des Wassers reißt dir beim Eintauchen die Beine auseinander. Das kannst du nur durch perfekte Ausführung und extrem gut trainierte Muskeln vermeiden – im Lauf einer langen Karriere aber eben doch nicht immer ganz. Viele Springer sieht man deswegen mit Bandagen oder Tape an den Adduktoren. Das sind die unvermeidlichen Verletzungen.

Dann gibt es die vermeidbaren, nämlich jene, die aus verkorksten Sprüngen entstehen. Dazu muss man nicht einmal aus 27 Metern springen. Wenn du die Rotation völlig versaust, reichen schon zehn Meter aus, um dir wirklich wehzutun. Wenn du perfekt eintauchst, schneidest du wie ein Messer ins Wasser, die Verzögerung ist recht linear. Davon kann man nicht reden, wenn man überrotiert und als Folge mit dem Gesicht voraus einschlägt, wie ich es auch schon gesehen habe. Die Verzögerung ist dabei so stark, dass dein Gehirn an die Innenseite des Schädels gedrückt wird. Die Konsequenz ist eine Gehirnerschütterung, der nächste Schritt wäre Bewusstlosigkeit – trotz aller Sicherheitsvorkehrungen nicht ungefährlich im Wasser!

Mir ist nur einmal ein Sprung so misslungen, dass ich Sterne gesehen habe und man mir aus dem Wasser helfen musste. Ich wurde zur Beobachtung ins Krankenhaus gebracht und habe seltsames Zeug geplappert. Außerdem war ich danach eine Zeit lang vergesslich, aber die Langzeitfolgen sind doch überschaubar, wie ich hoffe.

Ebenfalls Produkt einer zu starken Rotation, diesmal aber mit zusätzlicher Schräglage beim Eintauchen, war eine meiner schmerzhaftesten Verletzungen, nämlich angeknackste Rippen. Ich dachte erst, sie wären gebrochen. Auf jeden Fall waren die Schmerzen auch so wirklich intensiv, und der Heilungsprozess hat ewig gedauert. Dabei hatte ich Glück, keine inneren Blutungen abbekommen zu haben, wie es unter unseresgleichen leider doch immer wieder vorkommt. Erst 2018 musste einem amerikanischen Springer nach einer unglücklichen Landung die Milz entfernt werden. Grundregel daher: Auch wenn du meinst, ziemlich viel wegstecken zu können und dir einen guten muskulären Schutzpanzer antrainiert zu haben: Bequeme dich nach einem heftigen Einschlag zur Beobachtung ins Krankenhaus! Spätestens bei inneren Blutungen oder Gehirnerschütterungen hört der Spaß nämlich auf.

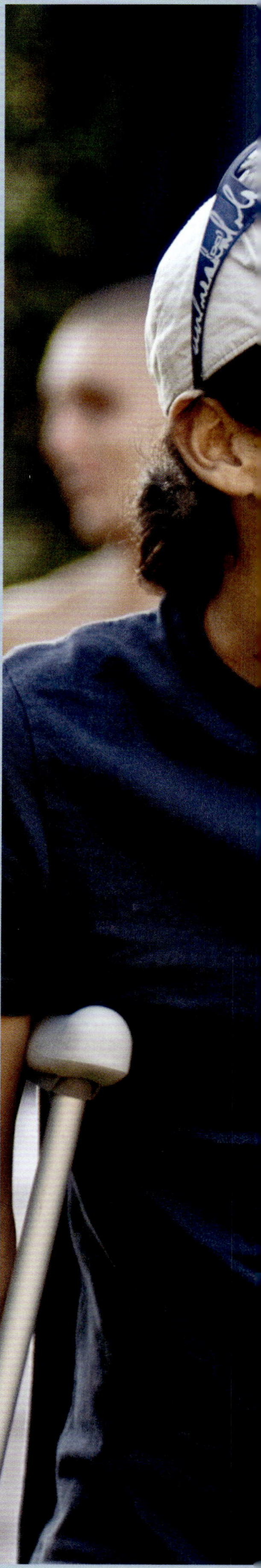

→
2011, drei Wochen nach meinem Skydiving-Unfall auf Krücken als Besucher zurück auf der Red Bull Cliff Diving World Series.

Vielleicht ebenfalls nicht sonderlich lustig, aber im Vergleich dazu Allerweltsverletzungen sind verdrehte Sprunggelenke oder Knie. Ein wenig Physiotherapie, Bandagen oder Stützen bei den Sprüngen, dann geht es schon wieder. Da ist das bestimmende Thema nur, wie schnell man wieder fit ist.

Das Um und Auf für schnelle Rehabilitation ist eine gute Grundfitness. Die Saison ist lang und hart, und du hast nicht die Zeit, während des Sommers an deinem Muskelpanzer zu arbeiten oder Verletzungen komplett ausheilen zu lassen, wenn du gleich wieder für die nächsten Bewerbe zu trainieren beginnen musst. Man braucht Reserven. Je fitter du bist und je mehr du an deinen körperlichen Schwächen gearbeitet hast, desto schneller und besser kannst du eventuelle Verletzungen absorbieren.

Nach drei Jahrzehnten des Springens sieht man meinem Körper die Belastungen doch ein wenig an. Wenn ich am Morgen aufstehe, dauert es ein paar Minuten, bis ich zu hinken aufhöre. »Orlando, geh vernünftig!«, ermahne ich mich, wenn ich es merke, und ich bemerke es meistens. Ja, die Sprunggelenke zwicken manchmal, und die Knie auch. Oh, und die Hüfte.

Meist liegt das aber bloß daran, dass ich am Vortag trainiert habe und der Körper einfach deshalb schmerzt. Mein Gym-Programm dauert eine Stunde, ich arbeite mit schweren Gewichten. Das spürst du am nächsten Tag einfach, selbst wenn du noch keine 40 Jahre alt bist. Solches Zwicken im Körper ist normal.

Nach einem Bewerb ist es eine andere Sache. Selbst wenn Training und Bewerb ideal verlaufen sind, wenn du jeden Sprung perfekt absolviert hast, auch wenn du gewonnen hast, tut dir am nächsten Tag jeder einzelne Muskel weh, da drückt es im Rücken, alles ist verspannt, die Gelenke brennen. Im Unterschied zu ganz früher nehme ich mir den Luxus, am Sonntag und Montag nach einem Bewerb gar nichts zu tun außer ein bisschen Therapie. Eis, Hitze. Ich gebe dem Körper die Zeit, die er verlangt.

Ich arbeite regelmäßig mit drei Trainern: Einem für Kraft, einem für Fitness und einem für Technik. Dazu kommt eine Physiotherapeutin, die körperliche Defizite frühzeitig erkennt und gezielt dagegen arbeitet. Auf der Red Bull Cliff Diving World Series haben wir eine eigene Physiotherapeutin, die mit uns Athleten reist und unsere Beschwerden sehr gut kennt. Wenn ich zu ihr komme, schaut sie mich an und weiß schon: Oh, Orlando wieder wegen seiner Sprunggelenke. Sie lockert nach jedem Bewerb meine Muskeln und Gelenke, was auch den Vorteil hat, dass ich nicht verkrampft und voller Schmerzen ins Flugzeug einsteige und dort die nächsten Stunden genauso weiterkrampfe und völlig am Ende in Cali aus dem Flugzeug stolpere. Ein gutes Team um mich zu haben ist vor allem für meinen Körper ein Segen! Als Einzelkämpfer hätte ich meine Karriere nie und nimmer so lange ausdehnen können, und ich möchte mich herzlich und aufrichtig bei allen bedanken, die in den letzten 30 Jahren für mich und mein Werkzeug – meine 175 Zentimeter und 70 Kilogramm – da waren.

Vor allem ab 2009, dem Beginn der Cliff Diving World Series, ist ein regelrechter Professionalisierungsschub passiert, und das ist mittlerweile auch schon wieder zehn Jahre her. Diese Professionalisierung hat sich von der Serie auf die Athleten übertragen. Jeder Einzelne von uns trainiert heute mehr als vor zehn Jahren und ist besser vorbereitet als damals. Manche machen zusätzlich Gymnastik, andere Yoga, alle Stretching. Eine gute Entwicklung, wie ich finde.

Angie beschäftigt sich wieder einmal beruflich mit meinem rechten Sprunggelenk – Indiz der Professionalisierung des Cliff Diving.

→

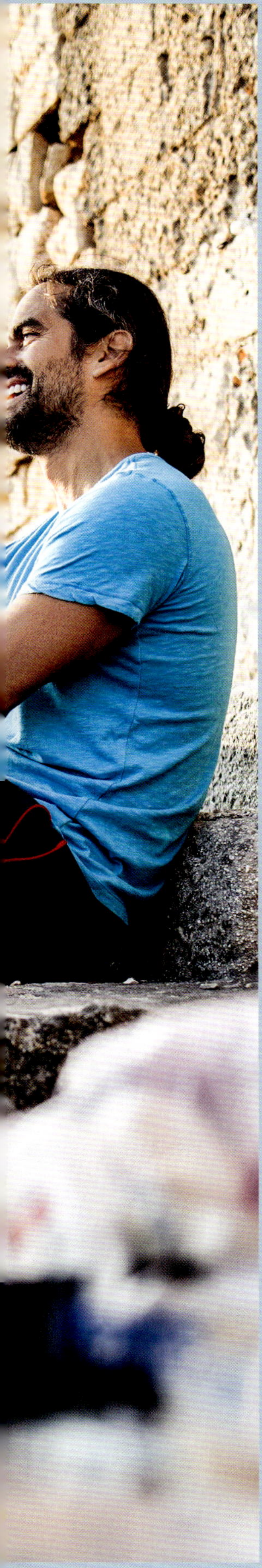

Natürlich versuche ich mich auch gesund zu ernähren. Als Sportler verbrennst du so viele Kalorien, dass du manchmal eher das Problem hast, genug davon in deinen Körper zu bekommen. Ich trainiere bis zu fünf Stunden pro Tag, da kannst du kaum zu viel essen. Es ist eher eine Frage, ob du durchgehend höchste Qualität bekommen kannst, vor allem auf Tour. Mein Protein soll hochwertig sein. Ein gutes, mageres Stück Huhn. Ein schöner Fisch. Viele Bohnen und Hülsenfrüchte.

Daneben muss ich aber auch Kohlehydrate essen. Geht nicht anders, sonst werden meine Energietanks nicht voll. Hier muss man besonders auf hohe Qualität achten. Vollkorn. Früchte. Natürlich auch Pasta. Manche meiner Kollegen sehen das nicht so streng wie ich, aber ich bin der Meinung, dass sportliche Leistung und qualitativ hochwertige Ernährung unmittelbar zusammenhängen.

Zu Hause, wenn du selbst kochen kannst, ist es einfacher, sich vernünftig zu ernähren. Wenn du zum ersten Mal in einem fremden Land bist und nichts zu essen findest, das dir schmeckt und auch noch gesund ist, kann das durchaus zum Problem werden. Nicht bloß einmal, dass ich statt in einem Restaurant im Supermarkt gelandet bin und mich dort selbst verpflegt habe: Früchte, Vollkorncracker, das dunkelste Brot, das ich finden konnte.

Was es in meinem Haushalt gar nicht gibt, ist weißes Mehl oder Zucker. Am einfachsten ist es für mich zu Hause in Kolumbien, wo es exzellente frische Früchte und frisches Gemüse gibt. Ich bin ein richtiger Obsttiger, das beginnt schon beim Frühstück. Mir käme es zum Beispiel nie in den Sinn, Fertigsäfte zu trinken, womöglich noch gezuckerte! Das hieße wirklich Eulen nach Athen tragen, noch dazu ziemlich verwirrte. Nach einem Erfolg, zum Beispiel nach dem Gewinn der Weltmeisterschaft in Barcelona, kann man aber schon auch mal fünf gerade sein lassen und Dampf ablassen. Damals haben wir zum Beispiel Paella geschlemmt und Rotwein dazu getrunken. Ein paar Biere nach einem Sieg, dagegen ist nichts zu sagen. Am nächsten Tag geht ohnehin wieder der Ernst des Trainings los, da hast du gar keinen Bock auf Exzess mehr und kehrst gern und ganz von allein zu deinem gesunden Leben zurück.

Viele Menschen prophezeien mir, dass ich nach meinem Rücktritt vom Leistungssport fett werde. Irrtum, Freunde! Wer seinen Körper so lang kontrolliert hat, gerät auch nach Ende der Karriere, wenn das Training mehr freiwilligen Charakter bekommt und sicher nicht mehr so intensiv ist, nicht außer Form. Ich werde ein wenig rasten, darauf freue ich mich auch. Aber ich werde nicht komplett aufhören, mich zu bewegen. Ich fahre gern Rad, ich laufe gern, ich schwimme gern, ich stemme gern Gewichte. Vielleicht werde ich weniger springen, aber ich werde niemals völlig aufhören. Außerdem habe ich ein paar Projekte am Horizont, für die es eine gewisse Grundfitness benötigt, aber darauf komme ich im Kapitel »Morgen« ab Seite 188 noch genauer zu sprechen. Vielleicht werde ich ein wenig Muskelmasse zulegen und nicht mehr so schlank sein, wie es unser Sport bedingt, aber Orlando Duque als Couch-Potato? Das wird in diesem Leben nicht passieren.

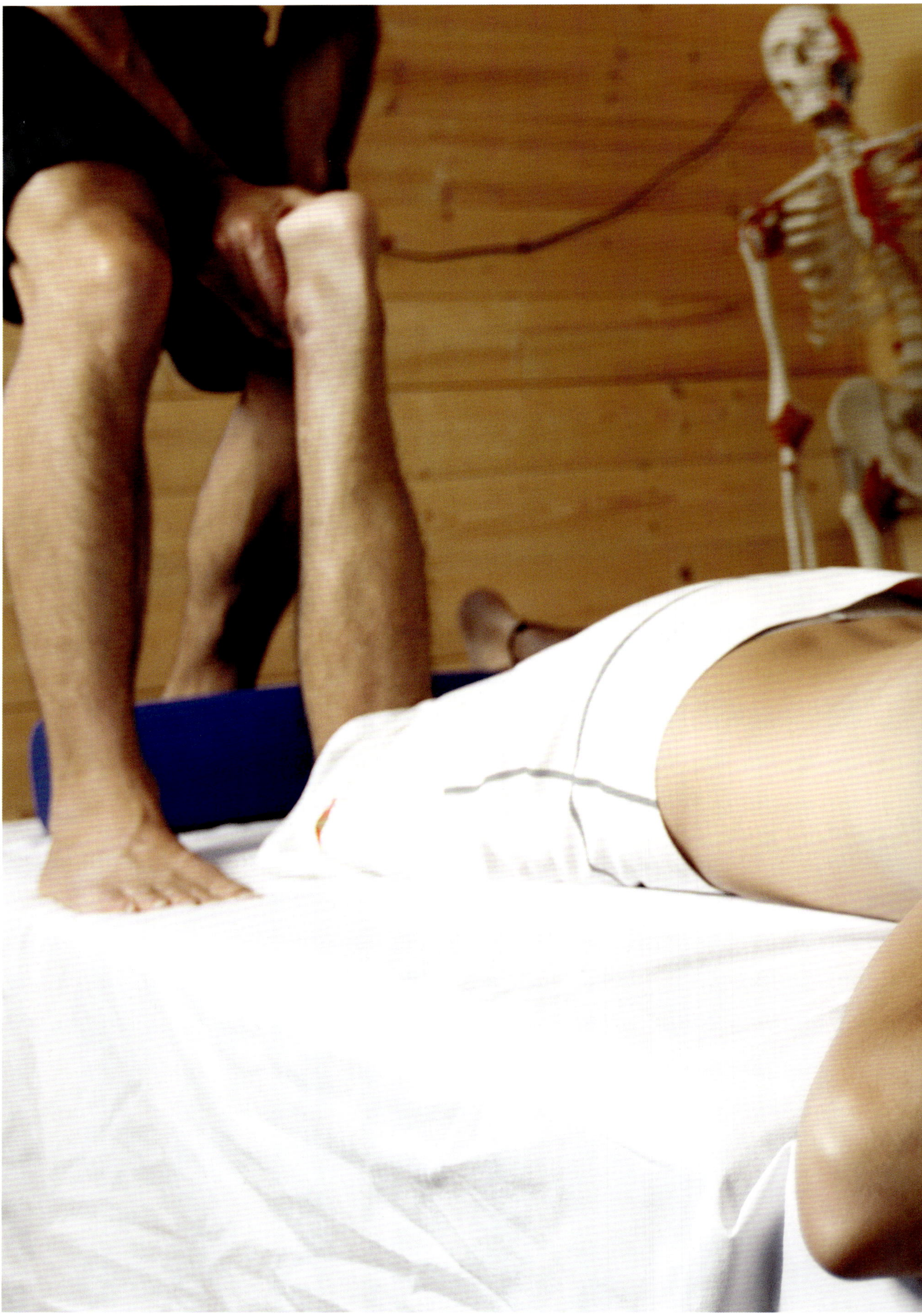

Der schmerzhafte Weg zurück: Ein paar Schrauben sind bereits entfernt, nun geht es um Mobilisierung. DTC Leistungsdiagnostik- und Trainingszentrum in Thalgau, Salzburg.
→

↑ Die Sprunggelenkstütze, treue Begleiterin über die Jahre.

Ich schätze sehr, wenn mich meine Frau zu Wettkämpfen begleitet, wie hier nach Mexiko. →

Noraver
GRIPA

Griechenland 2011, unmittelbar nach meinem Unfall. In drei Wochen hatte ich sieben Kilo verloren und sah schrecklich aus (wie man sieht, finde ich).
→

Red Bull
Red Bull

Joggingrunde mit Jonathan Paredes. Mein Wettkampfgewicht bei 1,75 Meter Körpergröße: 70 Kilo.

→

ORLANDO DUQUE | COL

Momente, in denen ich gern allein bin: Aufwärmen, Dehnen und Konzentrieren vor einem Sprung. →

Red Bull

E
T
L

Red Bull
CLIFF DIVING
SERIES 2009
ATHENS GREECE

2009 war das Jahr, in dem unser Sport revolutioniert wurde. Zuvor hatten wir ein Event hier, eins da, als Athlet konnte man höchstens von Woche zu Woche, von Monat zu Monat planen. Nun gab es die Red Bull Cliff Diving World Series mit einem fixen Jahreskalender.

ACHT EVENTS,

die Zahl sollte manchmal ein wenig variieren, im Grunde aber stabil bleiben. Zuvor hatte Red Bull schon einzelne Cliff-Diving-Events organisiert. Basierend auf diesen Erfahrungen durfte man davon ausgehen, dass die World Series gut werden könnte. Wir Sportler freuten uns darauf.

Mit einem Schlag hatte der Sport nämlich eine Vision, ein Ziel. Wir bekamen Perspektiven, weil die Verantwortlichen bei Red Bull eine hatten. Es gab Medienberichterstattung, Zuschauer, tolle Locations. Es gab echtes Preis- statt bloß Taschengeld. Man konnte erstmals vom Cliff Diving leben, wenn man sportlich einigermaßen an der Spitze war – im Gegensatz zu früher, wo selbst die Besten gezwungen waren, nebenbei Jobs anzunehmen oder zumindest Shows zu springen wie ich damals in Gänserndorf.

Was für mich noch entscheidender war: Red Bull – so hatte ich diese Firma bereits in den Anfangstagen unserer Partnerschaft kennengelernt – neigt nicht dazu, eine Sache zu beginnen und halb fertig wieder abzubrechen. Die Jungs und Mädels dort haben einen langen Atem. Die ziehen das ein paar Jahre durch und produzieren keine Ausreden. Wenn die Idee einer gesamten Serie statt bloßen Einzelevents floppte, dann wäre das auch unsere Schuld, die von uns Athleten. Dann wäre einfach der Sport nicht gut, nicht abwechslungsreich genug für ein breites Publikum.

Red Bull versprach, uns eine Rundum-Plattform zu bieten, auf der wir unser Können zeigen könnten, losgelöst von unmittelbaren materiellen Zwängen und mit einer gewissen Planungssicherheit. Der Beginn der Serie fiel mit dem weltweiten Durchbruch von Internet und Social Media zusammen. Wir als Cliff Diver waren also nicht mehr ausschließlich auf terrestrisches Fernsehen angewiesen, um wahrgenommen zu werden (obwohl es das dank Red Bull natürlich ebenfalls gab). Wir würden zu den Fans aufs Smartphone, auf den Computerbildschirm kommen, was der Vermarktung völlig neue Wege öffnete.

Hatte ich zuvor noch zeitweise leise überlegt, meinen Rücktritt zu verkünden und einen normalen Job anzunehmen (Hallo Mum!), zeichnete sich nun ab, dass alles, worauf ich gehofft hatte, eintreten könnte. Wir würden echte Profis werden. Also: Ich auf jeden Fall. Im Rückblick gibt es wahrscheinlich keinen, der von der Red Bull Cliff Diving World Series so profitiert hat wie jener Typ mit den langen Haaren aus Cali, der einst nicht zu den Olympischen Spielen hatte fahren dürfen.

Schon vor dem ersten Event der Red Bull Cliff Diving World Series hatten die Medien eine storyline konstruiert: Das Duell **ORLANDO DUQUE** gegen **GARY HUNT**. Hier der südamerikanische Routinier der Höhe (ich), dort der Brite mit Erfahrung im klassischen Wasserspringen, Olympia-Teilnahme inklusive (Gary). Was dann passierte: Den ersten Stopp vor über 50 000 enthusiastischen Fans in La Rochelle, Frankreich, gewann prompt der Außenseiter **ANDREY IGNATENKO** aus der Ukraine. Ätsch! Das nahm ein wenig Druck von

unseren Schultern und zeigte, dass die neue Serie mehr gute Protagonisten aufzuweisen hatte als bloß Gary und mich – selbst wenn sich die Meisterschaft schlussendlich tatsächlich zum prognostizierten Duell zuspitzen sollte mit mir als knappem Sieger. 2010 schlug Gary dann mich.

Gary Hunt ist ein Mensch, den man einfach mögen muss. Du kannst ihn nicht einmal hassen, wenn er dein Gegner um den WM-Titel ist. Dazu muss ich vorausschicken, dass wir Klippenspringer einander eigentlich grundsätzlich nicht hassen. Dazu hat jeder zu viel Respekt vor den Leistungen der anderen. Nur wir, die wir regelmäßig aus 27 Meter Höhe ins Wasser springen, verstehen, was das wirklich bedeutet, und zwar sowohl für den Körper als auch mental. Dieses Wissen verbindet.

Gary ist trotzdem besonders. Von seinem Talent ohnehin, aber auch menschlich. In den zehn Jahren, in denen wir nun Gegner waren, kann ich guten Gewissens sagen, dass es nie böses Blut zwischen uns gab. Kein einziges Mal. Null. So einer ist Gary. Ein echter Freund. Wenn wir zusammenstecken, sprechen wir kaum jemals übers Springen, denn was sollen wir darüber schon großartig Worte verlieren? Unsere gemeinsamen Themen sind Freunde, Familie, Politik, Essen. Wir lachen viel, wir kennen einander wirklich gut, auch wenn wir so unterschiedlich aufgewachsen sind.

←
Logisch, dass ich in Italien das Piaggio-Ape-Dreirad fahren durfte und Gary Hunt sowie Andrey Ignatenko nur Beifahrer waren. Immerhin führte ich zu diesem Zeitpunkt in der Gesamtwertung der Red Bull Cliff Diving World Series.

Er in Großbritannien, ich als Zugvogel, der von Südamerika über Europa nach Hawaii wieder zurück nach Kolumbien gewandert ist. Gary ist der Ruhigere von uns beiden, während ich dazu neige, doch eher extrovertiert zu sein. Bei unseren gemeinsamen Abenden bin es aber nicht nur ich, der plappert. Gary kann das schon auch.

Wirklich still sind wir nur direkt vor den Bewerben. Das sind die einzigen Momente, in denen wir uns aus dem Weg gehen und Blickkontakt vermeiden. Das ist nicht böse gemeint, bloß eine Frage der Konzentration. Auf dem Podium (hoffentlich auf dem Podium!) ist dann wieder alles gut. Es ist nicht selbstverständlich, dass mein größter Gegner, jemand, der so viele Bewerbe gewonnen hat, die ich gern gewonnen hätte, jemand, der so viele Rekorde gebrochen hat, jemand, der mindestens so hart arbeitet wie ich, gleichzeitig mein bester Kumpel auf der Tour ist. Ich kenne seine Familie, er kennt meine. Wir können auch wirklich persönliche Dinge miteinander besprechen und es bleibt unter vier Augen. In mir ist nichts als Respekt für Mister Gary Hunt.

Und – darüber müssen wir wahrscheinlich beide froh sein – wir haben einander auf sportlicher Ebene gepusht. Er wollte den Titel, den ich hatte, und wenn er amtierender Champion war, gab ich alles, um ihn beim nächsten Mal zu schlagen. Das Spezielle daran ist, dass wir unterschiedliche Stile verfolgt und einander zu kompletteren Athleten gemacht haben. Seine Sprünge sind technisch sehr schwierig, sie beinhalten viele Elemente. Ich hingegen habe eher auf Eleganz vertraut: Technisch vielleicht nicht so hochstehend wie seine Sprünge, aber stets sehr stylish, sehr smooth. Es ist schön zu sehen, dass beide Ansätze funktionieren. Die Andersartigkeit von Gary und mir hat – in Verbindung mit unserer Freundschaft – auch die Red Bull Cliff Diving World Series ein Stück weitergebracht, davon bin ich überzeugt. Wir haben den Sport vielseitiger und interessanter für Zuschauer gemacht und unsere Gegner dazu gezwungen, sich selbst weiterzuentwickeln.

Ein anderer guter Freund von mir ist **JONATHAN PAREDES**. Er stammt aus Mexiko, ich habe ihn bei mir zu Hause in Kolumbien kennengelernt, als er Shows gesprungen ist – so wie ich einst in Österreich. Die Erfahrung dieser Knochenmühle verbindet.

Nach 30 Jahren in diesem Sport ist es logisch, dass ein Großteil meines Freundeskreises aus dem Umfeld des Cliff Diving kommt.

Er hat wie ich bereits alle relevanten Titel gewonnen, obwohl er im Vergleich zu mir noch so jung ist, Jahrgang 1989. Ein wenig stolz bin ich darauf, ihn einst zur Red Bull Cliff Diving World Series gebracht zu haben, und das ging so: Ich kannte ihn eben als Show-Springer und hielt viel von seinem Können. Wir waren damals noch keine Freunde, eher gute Bekannte, als er beim Tourstopp der Serie in Mexiko hinter den Kulissen ein wenig aushalf. Ich überredete die Verantwortlichen dann, dem jungen Kerl eine der zwei lokalen Wildcards für Einheimische zu geben, und er zahlte das Vertrauen mit einem gigantisch guten Bewerb zurück.

So wuchs unsere Freundschaft, auch weil er von Natur aus ein wenig schüchtern ist und im Gespräch mit mir auf Spanisch die Sprachbarriere wegfiel. Wann immer er Fragen hatte und sich nicht zurechtfand, kam er zu mir, und ich half ihm gern. Zu gut konnte ich mich daran erinnern, wie ich mich in der Fremde gefühlt hatte (ohne dass man mir das vielleicht unbedingt angesehen hätte).

Längst kennen sich unsere Familien, und zwar so gut, dass wir einander zu unseren jeweiligen Hochzeiten eingeladen haben und im Haus des jeweils anderen wohnen, wenn wir gerade in der Gegend sind. Inzwischen planen wir unsere Wettkampf-Saison gemeinsam und vergessen sogar, dass wir oben auf der Plattform Gegner sind. Was mit einem Mentor-Tutor-Verhältnis begonnen hat, ist längst auf Augenhöhe – mindestens. Inzwischen ist es eher Jonathan, der Events gewinnt und den Titel der Red Bull Cliff Diving World Series geholt hat, während ich nur noch einzelne Highlights setzen kann.

Dann gibt es noch die alte Clique. Wir Jungs, die wir schon im Premierenjahr 2009 mit an Bord waren. Uns verbindet ein spezielles Band. Wir sind Pioniere. Das wird immer bleiben.

Natürlich gab es im Lauf der Jahre auch ein paar Ausfälle, Leute, deren Spuren sich verlieren, aber die beiden Franzosen **CYRILLE OUMEDJKANE** und **HASSAN MOUTI** gehören zum Beispiel unverändert zu meinen Kumpels. Wann immer ich in den letzten Jahren im Sommer für mehrere Monate in Europa war, habe ich mit den beiden eine Trainingsgemeinschaft gebildet – inklusive viel guten französischen Rotweins! Wenn sie in Südamerika sind, ist es mir eine Freude, sie zu beherbergen, und wir quatschen und vergessen die Zeit miteinander. Selbst wenn beide nicht mehr aktiv sind, sind sie dem Sport doch verbunden geblieben, und wir halten guten und regelmäßigen Kontakt.

Ich finde es wirklich cool, dass man im Profisport, wo die Egos meist groß und die Anstrengungen riesig sind, echte und belastbare Freundschaften unter seinesgleichen schließen kann. Wir haben als romantischer Haufen von Springern begonnen, der seinem geliebten Sport jene Achtung und Aufmerksamkeit in der Öffentlichkeit verschaffen wollte, die er unserer Meinung nach verdient. Das ist uns gelungen, und Cliff Diving ist in der Zwischenzeit um vieles professioneller geworden. Vielleicht fehlt manchmal sogar ein wenig Herz vor lauter Qualitätsstreben, aber das ist wohl der alte Mann, der gerade aus mir spricht.

Nach 30 Jahren in diesem Sport ist es logisch, dass ein Großteil meines Freundeskreises aus dem Umfeld des Cliff Diving kommt. Das hat nichts damit zu tun, dass ich so einseitig interessiert wäre. **DEAN TREML** zum Beispiel, von dem die meisten Bilder in diesem Buch sind, habe ich einst als Fotografen bei den Wettkämpfen kennengelernt, und ehe man sich's versieht, steht man auch privat im regen Austausch und landet irgendwann als Freund bei seiner Hochzeit. Das finde ich komplett natürlich, wenn man sich über die Jahre so gut kennenlernt.

Belassen wir es dabei: Danke, ihr Kumpels, für die gute Zeit!

Aber nun wieder zurück in eine lose Chronologie und weiter mit den Anfangstagen des Red Bull Cliff Diving, bevor ich mich noch komplett in meiner Erzählung verstricke. Vor der Saison 2011 wusste ich, dass ich noch härter trainieren müsste denn je, um den gestiegenen Anforderungen gerecht zu werden. Den Titel im Jahr zuvor hatte mir Gary Hunt weggeschnappt. Ich trainierte also wie ein Berserker. Zu Saisonbeginn war ich fitter denn je und sprang besser, als ich es jemals in meiner Karriere tun würde – aber das konnte ich zu diesem Zeitpunkt noch nicht ahnen. Die ersten beiden Events gewann ich mit riesigem Vorsprung. Selbst Gary hatte den Anschluss verloren. Es sah nach totaler Dominanz aus. Doch daraus sollte leider nichts werden, und Schuld daran war ich selbst.

Zu dieser Zeit lebte ich auf Hawaii, und mein lieber, inzwischen leider mit seinem Hubschrauber tödlich verunglückter Freund **HANNES ARCH**, Champion des Red Bull Air Race, war zu Besuch. Wir gingen wieder einmal Skydiven – ein Hobby, das ich damals regelmäßig betrieb. Cliff Diving ist mehr Adrenalin für mich, aber quasi zur Entspannung ging ich Skydiven. Wenn du aus dem Flugzeug springst, bist du bereits so schnell, dass dir das Gefühl des Falles völlig fehlt. Bei einem Bungee-Jump (den ich nie versucht habe) wäre das vielleicht anders, zumindest stelle ich mir das dem Cliff Diving ähnlicher vor. Beim Skydiving hast du eher das Gefühl zu schweben, obwohl du wirklich schnell unterwegs bis. Du hast Zeit, die Aussicht zu genießen, du kannst mit der Luft spielen, alles geht im Vergleich zu einem Sprung von der Plattform wie in Zeitlupe. Viele der kleinen Steuermöglichkeiten des Cliff Diving funktionieren allerdings auch beim Skydiving, mit einer Einschränkung: Durch die höhere Geschwindigkeit ist es leichter, Rotationen auszuführen, aber schwieriger, die Balance zu behalten.

Mit meinem antrainierten Körpergefühl war trotzdem weder das eine noch das andere ein wirkliches Problem und ich konnte meine Sky Dives sehr genießen. Für mich hat dieser Sport nur einen wirklichen Nachteil, nämlich jenen, so viel Equipment zu brauchen, um ihn ausüben zu können.

Ich weiß nicht genau, wie viele Sprünge ich bis zu diesem Tag bereits absolviert hatte, aber es waren sehr viele. Doch diesmal verkorkste ich den einzig kritischen Moment im gesamten

↓
Was eine Gruppe Cliff Diver am liebsten zu Abend isst? Natürlich Fisch!

Ablauf, nämlich die Landung. Keine große Sache im Prinzip, ich bin bloß seltsam gestolpert. Ein hundertprozentiger Eigenfehler, nach dem mein Sprunggelenk in einem sehr seltsamen Winkel vom restlichen Bein abstand. Als ich so dasaß und auf das Rettungsauto wartete, dachte ich an meine Saison 2011. Das konnte, das durfte wirklich nicht wahr sein, dass ich die sicher geglaubte Dominanz wegen eines so dämlichen Freizeitunfalls abschreiben musste! Bis zum Schluss hoffte ich, das Sprunggelenk wäre nur disloziert. Selbst die Ärzte in der Notaufnahme wollten mir diese Hoffnung nicht nehmen: Vielleicht wäre in ein paar Wochen ja alles wieder gut. Leider nicht! Die erste Diagnose war so schlimm, dass ich eine zweite in einem anderen Krankenhaus einholte. An den Tatsachen gab es nichts zu rütteln: Mein Unterschenkel war mehrfach gebrochen und musste verplattet und verschraubt werden. Zukunftsprognose: Wahrscheinlich würde ich wieder gehen und laufen können, ob das Bein allerdings die regelmäßige Belastung von Sprüngen aus 27 Metern verkraften würde, wagten die Ärzte nicht zu prophezeien. Dazu gebe es schlicht keine Erfahrungswerte, meinten sie. Verdammt!

Ein paar Wochen, elf Schrauben, eine Titanplatte später und mit ein paar Kilo Muskelmasse weniger stand ich dann wieder auf der Plattform eines Red-Bull-Cliff-Diving-Events – allerdings mit einem Mikrofon in der Hand und einer Kamera vor der Nase. Statt selbst zu springen, verdingte ich mich als Fernsehkommentator. Ich wollte einfach bei den Jungs sein, ich wollte Teil des Zirkus bleiben, selbst wenn an Springen noch lange nicht zu denken war.

Ich fühlte mich blass, dünn und dämlich. Wie gern hätte ich diese Saison gewonnen! Ein schwacher Trost, dass Kumpel Gary Hunt »meinen« Titel holte.

2012 war ich wieder einigermaßen fit, aber mein Sprunggelenk blieb ein riesiges Fragezeichen. Ich brannte vor Ehrgeiz, ich wollte den Erfolg, konnte aber nur hoffen, dass mich mein Körper nicht im Stich lassen würde. Das tat er nicht, und ich konnte gleich das erste Event des Jahres gewinnen. Was für eine Erleichterung! Ich war zurück im Rennen und lieferte meinem alten Freund Gary in der Gesamtwertung ein Duell bis zum letzten Sprung beim letzten Event in Oman. Er gewann um Haaresbreite, aber zum ersten Mal in meinem Leben war ich mit Platz zwei nicht völlig unzufrieden. Nach meiner schweren Verletzung war ich froh, überhaupt wieder so weit gekommen zu sein. Eine Cliff-Diving-Plattform in 27 Meter Höhe hängt auch im übertragenen Sinn ziemlich hoch, wenn du ganz unten bist, und ich war tatsächlich von ganz unten gekommen. Ich hatte das Comeback geschafft, und mein Körper hatte sich wieder an die Belastungen gewöhnt.

Die Red Bull Cliff Diving World Series ist ein Marathon. Du hast – je nach Saison – sieben, acht oder mehr Stopps auf der gesamten Welt zu absolvieren. Du kannst dir erlauben, taktisch zu agieren. Eine leichte Blessur? Schau, dass du nicht zu viele Punkte verlierst, und versuche dich auszukurieren. Du kannst deinen Saisonhöhepunkt früh aufs Jahr verlegen, die Gegner mit deiner Form schocken und den Punktevorsprung verwalten. Du kannst darauf bauen, dass die anderen im Herbst müde werden und erst gegen Saisonende aufdrehen.

Neben der Red-Bull-Serie gibt es seit 2013 auch die FINA-Weltmeisterschaften des internationalen Schwimmverbandes. Hier bewerten sieben statt fünf Sprungrichter dein Tun, der Rest ist exakt wie beim Red Bull Cliff Diving, was Regeln, Sprünge und dergleichen anlangt. Allerdings findet die FINA-WM nur alle zwei Jahre statt. Hier gehst du *all in*. Du hast einen Tag, an dem alles passen muss. Schaffst du das, gehört der Weltmeistertitel dir – zwei volle Jahre lang. Scheiterst du, musst du zwei Jahre auf deine nächste Chance warten.

Die erste WM fand 2013 im spanischen Barcelona statt. Bei mir klingelte erst mal nichts, bis auf den Umstand, dass es meine ersten »richtigen« Weltmeisterschaften sein würden. Ich stand dann schon vor dem Turm, als mich ein Fernsehinterviewer – noch dazu auf Spanisch – während des Trainings fragte: »Barcelona, die verpassten Olympischen Spiele 1992, welche Emotionen löst das bei Ihnen aus?« Ich musste erst einmal schlucken und kurz nachdenken. Ich hatte das völlig vergessen oder verdrängt. Wahrscheinlich aber Ersteres, weil mein Leben seither eine so verrückte Tournee gewesen war, immer weiter, weiter, dass ich an die Chance, die man mir als Teenager geraubt hatte, gar nicht mehr gedacht hatte. Mein Kopf hatte sich damit erst gar nicht auseinandergesetzt. Ich hatte das Thema abgehakt, erledigt. Mein Herz war beim Cliff Diving.

Erst als ich durch die Stadt spazierte und die Anlagen sah, die man einst für die Olympischen Spiele gebaut hatte, begann mich die Vergangenheit wieder zu interessieren. Nicht dass ich wehmütig gewesen wäre: Für mich war es höchstens ein Motivationsplus.

Red Bull Cliff Diving kann an jeder gewünschten Location stattfinden, und dafür sorgen die Verantwortlichen auch. Es soll gut aussehen, und wir Athleten bekommen dadurch die Chance, Orte zu sehen, die uns sonst verborgen blieben, paradiesische Plätze wie zum Beispiel Hawaii. Vier Mal waren wir dort, drei der Bewerbe habe ich gewonnen. Die Landschaft und das Meer sind fantastisch, vor allem aber spürt man

←
Bosnien-Herzegowina. Nirgendwo sonst findest du innerhalb weniger Autominuten so viele spektakuläre Spots, um zu springen.

die Wurzeln des Cliff Diving. Ein ganz spezieller, fast mythischer Platz.

Oder Yucatán in Mexiko: Ich liebe diesen Ort, an dem wir springen. Eine Cenote ist ein Kalksteinloch, das durch den Einbruch einer Höhlendecke entstanden ist, gefüllt mit Salzwasser. Das Gefühl dort reinzuspringen ist unvergleichlich – genau wie das mexikanische Essen, das für mich ohnehin das beste der Welt ist.

Oder die kroatischen Inseln: Eine schöner als die andere, und mit dem Boot bist du in Windeseile da. Türkises Meer, formidable, einfache aber schmackhafte Küche. Versteckte Kleinode an allen Ecken und Enden, verwunschene Städte.

Ich liebe auch Italien. Ich habe dieses Land weit über 20 Mal besucht. Ich kenne kein Land, dessen Küche sich regional so stark unterscheidet wie die italienische. Zum Springen gibt es unzählige großartige Möglichkeiten. Cliff Diving ist in Italien äußerst etabliert: Unsere Location in Polignano a Mare blickt auf eine 35-jährige Tradition zurück.

Oder die Seen Österreichs: Pittoresk, kristallklar und mit einer Vielfalt an Landschaften gesegnet. Riesige Berge, Hügel, flaches Land. Meine Frau war hin und weg, als wir zum ersten Mal gemeinsam in Österreich waren.

Ich finde es wichtig, an einem Wettkampfort nicht nur den Sport zu sehen, sondern auch ein wenig Kultur mitzunehmen. Japan, Oman, Irland, Frankreich, Libanon, Philippinen, Schweiz, Griechenland, Thailand: Wann immer sich die Chance bietet, versuche ich ins Land einzutauchen. Reisen ist Nahrung für Geist und Seele. Zu Hause hörst du in den Nachrichten immer dieselben Dinge. Die Nachrichten in anderen Ländern behandeln hingegen ganz andere Themen. Schon diese winzige Tatsache rückt deinen persönlichen Horizont zurecht. Als ich noch jünger war, hat mir ein Rucksack mit dem Lebensnotwendigsten gereicht, um mit dem Zug ein paar Tage herumzufahren, die Menschen besser zu verstehen und meinen Horizont zu erweitern.

Würde ich den zehnjährigen Orlando heute in den Straßen Calis treffen, würde ich ihn auffordern, in die Welt hinauszugehen. Neues zu entdecken, dazuzulernen. Um zu begreifen, wie groß die Welt ist, darfst du nicht dein ganzes Leben am gleichen bequemen Platz hocken. Ich würde ihn ermutigen, Sprachen zu lernen, Städte und Kulturen zu erforschen, in Bewegung, neugierig zu bleiben. Nichts zu erwarten, sondern mit offenen Augen unterwegs zu sein. Wenn du aufbrichst mit der fixen Vorstellung, ins Land der Träume zu reisen, wirst du wahrscheinlich enttäuscht sein. Die ikonischsten Orte, die tollsten Städte haben das größte Potenzial, dich zu enttäuschen. Brichst du mit einem wachen Geist auf, wirst du tatsächliche Schätze finden – vielleicht an Plätzen, an denen du sie nicht erwartet hast.

In den letzten Jahren hat das Spontane bei meinen Reisen leider ein wenig gelitten, aber ich bin unverändert gern auf Achse und sehe das als einen der größten Benefits, den mir die Red Bull Cliff Diving World Series ermöglicht hat: Als Entdecker in eigener Mission unterwegs zu sein, eine Erinnerung an die nächste zu reihen. Seit meine Frau gemeinsam mit mir zu fast allen Events reist, bekommt der touristische Aspekt noch mehr Gewicht. Sie ist es, die auf den Philippinen noch ein paar Tage anhängen will oder mich dazu anspornt, Sehenswürdigkeiten im Land anzuschauen, bevor wir abreisen. Sie tut mir überhaupt gut. Ich mag das total, wenn ich sie bei Wettbewerben an meiner Seite weiß. Es entspannt mich. Sie ist ein wichtiges Korrektiv. (Außerdem hasse ich es, wenn ich sie wochenlang nicht sehen kann.)

Eine FINA-WM ist weitaus weniger romantisch. Die Veranstalter müssen sechs unterschiedliche Bewerbe unterbringen, und die größten davon sind natürlich die einzelnen Schwimm-Disziplinen. In der Regel braucht es dafür ein Fußball- oder Baseball-Stadion, in das man einen großen Pool setzt. Dann bastelt man die restliche Infrastruktur darum herum. Fürs Springen weicht man entweder an einen See in der Nähe aus oder baut einen zweiten Pool mit Sprungturm ins Stadion. Klar, dass das nicht immer so schön aussieht wie bei der Red Bull Cliff Diving World Series vor der pittoresken Kulisse von Mostar, den Azoren oder irgendwo im Dschungel. Der Sprungturm in Barcelona 2013 bestand aus Eisenrohren, wie sie für Konzertbühnen verwendet werden. Nicht sonderlich hübsch, aber wen kümmert's. Später in Budapest haben sie unseren Turm so aufgestellt, dass wir vor dem Hintergrund des Parlaments gesprungen sind. Der Verband gibt sich durchaus Mühe, Springen ästhetisch aussehen zu lassen. Vielleicht wurden

↓
2013, Barcelona: FINA-Weltmeister einen Hauch vor Gary Hunt und recht deutlich vor Jonathan Paredes.

sie ja auch von Red Bull dazu inspiriert. Worauf man sich allerdings verlassen kann, ist Präzision: Bei einer WM hat jedes Brett, jeder Turm exakt die vorgeschriebene Höhe, während die tatsächliche Fallhöhe bei der Red Bull Cliff Diving World Series schon aufgrund des Tidenhubs deutlich variieren kann, wenn wir ins Meer springen.

Ich wusste, dass das Niveau bei der FINA-Weltmeisterschaft in Barcelona hoch sein würde – schon weil die meisten meiner Kumpels bei der Red Bull Cliff Diving World Series ebenfalls am Start waren. Kolumbien hatte noch nie eine Medaille bei einer Schwimm-WM geholt – in keiner einzigen Kategorie. Daher war Barcelona 2013 eine große Sache bei uns zu Hause, denn man zählte mich zu den Favoriten. Sogar das Fernsehen übertrug.

Was soll ich sagen: Als ich nach meinem letzten Sprung aus dem Wasser auftauchte und als Weltmeister feststand, schwappten die Emotionen über mich, und sie schwappten bis in meine Heimat. Erster Kolumbianer, der eine Schwimm-WM gewinnt, in einem Land, das seine Sprache spricht, mit kolumbianischen Fans vor Ort in einer Stadt, in der ich 21 Jahre zuvor meine Olympia-Chance hätte bekommen sollen: Es war einfach toll, mehr als nur ein abgehaktes Ziel. Ein wirklich guter Moment in meiner Karriere. Gut auch, dass ich meinen besten Anzug eingepackt hatte, denn ich musste nach der Siegerehrung zum Galadinner mit dem spanischen Prinzen, der heute der König ist. Auch die Party danach war dementsprechend. Party ist überhaupt ein ganz wichtiges Element im Cliff Diving. Bis auf einige wenige Ausnahmen können wir alle, die wir uns dem Risiko von Sprüngen aus 27 Metern Höhe aussetzen, auch exzeptionell gut Party machen. Als meine Frau zum ersten Mal auf ein Event mitkam, war sie erstaunt: Wow, ihr gebt ja richtig Gas! Ja, geben wir. Aber wir trainieren auch hart, wir leben mit dem Risiko, da ist es nur legitim, auch hart Party zu machen. Das gibt es ja auch in anderen Sportarten, die so ticken, nehmen wir nur die Mountainbike-Freerider der Red Bull Rampage. Wenn du unten bist und alles gut gelaufen ist, hast du jedes Recht der Welt auf eine zünftige Party. Du feierst das Leben! Während eines Wochenendes, während eines Wettkampfs, baut sich so viel Druck, baut sich so viel Spannung auf! Das muss man dann irgendwie loswerden. Es ist das schiere Risiko, aber auch der Druck des Bewerbs und der Medien, die es so anstrengend für den Kopf werden lassen.

Wie schön, wenn alles vorbei ist und man sich mit seinen Kumpels einfach ein Bier aufmachen kann, wenn man weiß, dass am Abend eine Party steigt und man alle dort wiedersehen wird – gelöst und erleichtert. Am nächsten Tag trifft man sich meist in einem der Flugzeuge am Weg nach Hause und tauscht die Geschichten des Vorabends aus.

Es ist auch nicht so, dass wir die Nacht vor dem Wettkampf mönchisch verbringen würden. In der Regel sitzen wir Athleten zusammen, trinken ein paar Bier, spielen Karten und versuchen uns zu entspannen, so gut es geht. Wir reden und lachen, bis es Zeit wird ins Bett zu gehen. Der nächste Tag mit seinem Ernst und seiner professionellen Attitüde kommt früh genug. Dass es nicht eskaliert, dafür sorgt schon der Überlebenstrieb. In den letzten Jahren beobachte ich, dass die junge Generation ernsthafter an die Sache rangeht als wir Alten. Vielleicht müssen sie das, weil der Druck von Jahr zu Jahr steigt, während wir das Privileg der Pionier-Generation hatten, bei der alles noch ein wenig lockerer vonstattengeht. Nehmen wir die Windsurfer: Waren einst die wildesten *party animals*, aber auch sie sind braver und biederer geworden. Ob das gut ist oder nicht, will ich nicht bewerten. Mir fällt nur auf, dass viele dieser hochprofessionellen Business-first-Karrieren kürzer sind als unsere, die wir vieles lockerer gesehen haben, als es heute Usus ist – vor allem ich, denn die Länge meiner Karriere ist schon außergewöhnlich.

2014 und 2015 habe ich den FINA-Weltcup gewonnen, der parallel zur Red Bull Cliff Diving World Series abgehalten wird. In der Red Bull Cliff Diving World Series stand ich in diesen Jahren das eine oder andere Mal auf dem Podest und habe bewiesen, dass ich mit den Jungen noch mithalten kann. Gary Hunt ist zehn Jahre jünger als ich. **ARTEM SILCHENKO**, der talentierte Russe, der sich einige Jahre mit uns beiden gematcht hat, ist ebenfalls zehn Jahre jünger als ich und bereits mehr oder weniger aus dem Sport raus. Nur ich bin noch immer da, auch wenn ich zwischen 2013 und 2017 kein Red Bull Event gewinnen konnte. Aber grundsätzlich waren Siege auch in dieser Zeit immer irgendwie in Reichweite, und ich konnte über jene lachen, die mir einen Rücktritt nahegelegt hatten.

Soll man am Höhepunkt seiner Karriere zurücktreten? Ich finde nicht. Zumindest gilt dieser Ansatz nicht für mich, denn ich liebe den Wettkampf. Ich liebe die Spannung, die Nervosität, ich beziehe Energie daraus, mich mit anderen zu vergleichen. Ich bin happy, wenn ich weiß, dass ich mein Maximum gegeben habe. Ich bin happy, wenn ich als über 40-Jähriger 25-jährige Kids besiege. Ich bin happy, wenn ich es in die Top Five schaffe. Ich bin happy, wenn ich mich im exklusiven Feld der Red Bull World Series halten kann, weil ich weiß, wie viele junge talentierte Athleten reindrängen und alles unternehmen, um uns Arrivierte rauszuboxen. Ich bin happy, wenn ich höre, dass Springer, die mich heute schlagen, uns einst im Internet entdeckt und begonnen haben es uns nachzumachen. Ich bin happy, wenn ich sehe, dass ich dem Sport, der mir so viel gegeben hat, noch etwas zurückgeben kann. Ich bin happy, wenn ich sehe, dass der Sport noch immer wächst. Ich bin happy, wenn ich sehe, wie arriviert Cliff Diving mittlerweile ist, keine Eintagsfliege mehr, sondern ein Sport, der über eine Dekade lang gut und gesund gewachsen ist. Ich bin happy, wenn ich die Jungen sehe, und sehe mich in ihnen. Ich bin happy, wenn ich die Frauen beobachte, die seit 2014 Teil der Red Bull Cliff Diving World Series sind, und ich bin happy, wenn ich ihre Leistungen sehe. Ich bin happy, wenn ich merke, dass ich meinen Teil zu dieser ganzen Entwicklung beigetragen habe, dass ich vielleicht für ein paar exklusive Jahre tatsächlich der *poster boy* einer neuen, spektakulären Sportart war.

Langsam mache ich mich mit dem Gedanken eines Rücktritts vertraut. Der finale Stopp der Red Bull Cliff Diving World Series 2019 in Bilbao ist mein letztes Event. Habe ich zuvor noch sportliche Ziele? Selbstverständlich! Wie vom ersten Tag an will ich bei jedem Event, zu dem ich antrete, so gut sein, wie ich irgendwie kann, und im Idealfall gewinnen. Ich trainiere so hart wie immer, meine Tage sind von morgens bis abends durchgeplant.

Trauere ich irgendetwas nach? Nein, nicht im Geringsten! Ich habe jedes bedeutende Event, das es in meiner geliebten Sportart gibt, gewonnen und bin nach über 30 Jahren des Springens körperlich einigermaßen fit und unbeschädigt. Mein Kopf ist so voll, meine Augen haben so viel gesehen, mein Herz hat so viel erlebt: Ich bin wahnsinnig dankbar für mein Leben bisher.

↑
Spaß auf Hawaii. Wenn ich will, schaffe ich all meine Lieblingsdestinationen hier an einem einzigen Vormittag.

↑ **Rauf kommen sie immer: Die Cliff-Diving-Leiter, nicht zu verwechseln mit einer Räuberleiter.**

Wieder einmal bin ich der Letzte, der mit seinen Sprungvorbereitungen fertig wird.
→

Norwegen. Boote. Ich hatte schon auf Seite 48 angekündigt, dass es viele sein würden. Hier sind sie – oder zumindest alle, die aufs Foto gepasst haben.

→

Red Bull

Wenn sich jemand fragt, woher ich hier komme: Aus einem Helikopter selbstverständlich. →

Red Bull

↑ **Hier springt Adriana Jimenez aus Mexiko. Wer so viel gemeinsam unterwegs ist wie wir Cliff Diver, erkennt die anderen auf den ersten Blick anhand der Körpersprache während des Sprungs.**

Elitäres Vergnügen: Sprung vom Hubschrauber vor der Freiheitsstatue in New York.
→

Red Bull

Gar nicht so einfach, vom Mast eines Segelschiffs zu springen.
Du musst seine Eigenbewegung einkalkulieren, um beim Absprung den korrekten Impuls zu geben.

→

Provincetown Fast Ferry

Eine europäische Ikone und eine Ikone unseres Sports: Die Brücke von Mostar. →

Red Bull
MOSTAR

Wer sich fragt, wie tief das Wasser beim Eintauchen mindestens sein muss: Alles tiefer als fünf Meter ist für uns Springer sicher.
→

Red Bull
MEXICO

Auftauchen mit Jonathan Paredes. Er ist über die Jahre zu einem echten Kumpel geworden. →

FINA-Weltmeister 2013 ausgerechnet in Barcelona, wo mir 1992 der Start bei den Olympischen Spielen verwehrt worden war.
→

Ein Podium nach meinem Geschmack: Ich vor Gary Hunt und Artem Silchenko.
→

arena

Athleten 2010, Frankreich
→

Athleten 2011, Chile
→

Athleten 2013, Dänemark
→

Athleten 2014, Cuba
→

↑ Athleten 2015, Kolumbien

↑ Athleten 2016, USA

Athleten 2012, Oman
→

R

Rock 'n' Roll

Oft fragen mich Fans, woher mein Pferdeschwanz kommt. Er ist im Lauf der Jahre ja tatsächlich zu einer Art Markenzeichen geworden.

SELBST MENSCHEN,

die sich nicht an meinen Namen erinnern, kennen den Typen aus Kolumbien mit den langen Haaren, der in Badehosen aus großen Höhen springt. In der Schule durfte ich die Haare nicht lang tragen, beim Militär erst recht nicht, aber danach habe ich aufgehört, mir die Haare regelmäßig schneiden zu lassen. Warum eigentlich?

Da gibt es zwei Antworten. Die erste: Faulheit. Während andere alle zwei Wochen zum Friseur gehen, gehe ich ein, zwei Mal pro Jahr. Also dann, wenn meine Frau meint, es wäre jetzt wirklich wieder einmal an der Zeit. Wenn der Friseur dann fünf bis zehn Zentimeter wegnimmt, fühle ich mich wie nach einer Vollrasur. Da fehlt einfach was!

Die zweite Antwort: Ich bin ein Kind der 1980er-Jahre, und damals hatte jede nennenswerte Band lange Haare. Also: Jede Band, die mir gefiel. Die frühen Metallica, aber auch Bands, die härteres Zeug spielten wie Slayer oder Pantera. Im spanischsprachigen Rock waren lange Haare genauso Pflicht. Die Héroes del Silencio hatten selbstverständlich mächtige Mähnen. Oder die wechselnden Mitglieder von Reverend. Selbst kommerzielle Bands wie Bon Jovi oder Poison waren mit Kurzhaarschnitt undenkbar gewesen. Viele haben auch mit Make-up und verrückter Kleidung

gearbeitet, das war mir dann doch zu steil. Aber die Haare wachsen lassen? Unbedingt! Jeder Jugendliche, der etwas auf sich hielt, wollte damals in einer Rockband sein, und ich war da keine Ausnahme. Ich habe ja sogar gelernt, Schlagzeug zu spielen. Ja, ich war ein in der Wolle gefärbter Rock 'n' Roller. Jeder ist da ein Stück weit Kind seiner Zeit.

Musik nimmt noch immer einen großen Stellenwert in meinem Leben ein, allerdings bin ich weit weniger dogmatisch geworden. Ich höre viele unterschiedliche Stile, weit über Genregrenzen hinweg. Um Latin Music kommst du nicht herum, wenn du in Kolumbien lebst. Noch immer höre ich viel Rock, eventuell weniger ganz harte Bands als in meiner Jugend. Manchmal schleicht sich sogar ein wenig Charts-Musik in meine Playlists, aber das lässt sich kaum vermeiden, wenn man einen breiten musikalischen Horizont hat, und manches gefällt mir auch wirklich.

Früher habe ich die Musik in meinen Kopfhörern gezielt dazu benutzt, mich vor Wettkämpfen in eine bestimmte Stimmung zu versetzen, um mich aufzuwecken, alert und aggressiv zu machen. Inzwischen kann ich das auch ohne. Ich kann Gefühlslagen ohne akustische Stimulation hervorrufen – wohl eine Frage des Alters. Wenn ich mich auf dem Ergometer aufwärme und danach dehne, weiß mein Körper durch die Erfahrung der vielen Jahre, dass es jetzt ans Springen geht.

←
Fotoshooting auf Kuba. Der VW Käfer war so klapprig, dass sich in jeder Rechtskurve die Fahrertür öffnete.

Aber gerade bei der Red Bull Cliff Diving World Series fühlt man sich ohnehin wie bei einem Konzert. Die Musik aus den Boxen pumpt, da brauchst du keine eigene. Manchmal lassen einen die DJs vor Ort sogar Songs auswählen. Das ist nett, aber ich komme auch ohne aus. Signature-Song habe ich keinen.

Ich genieße mehr die Stadionatmosphäre, wenn ich auf die Plattform gehe. Es ist wie ein Konzert. Die Menschenmassen. Die Energie, die da draußen ist. Ich genieße den langen Weg bis zur Absprungkante, jeden Meter davon.

Komme ich mir dabei wie ein Exhibitionist vor, wenn ich nur mit einer Badehose bekleidet vor den Augen Tausender Menschen auf einem gigantischen Catwalk 30 Meter über dem Wasser marschiere? Die ebenso ehrliche wie einfache Antwort lautet: Nein. Nein, weil das einfach Teil meines Jobs ist – eines Jobs, den ich seit langer, langer Zeit ausübe. Irgendwann fällt dir nicht mehr großartig auf, was du trägst.

Speedos haben einfach viele handfeste Vorteile. Aus ästhetischer Sicht: Die Beine wirken länger, der Sprung eleganter. Aus praktischer Sicht: Deine delikatesten Teile sind beim Kontakt mit dem Wasser besser geschützt, wenn sie bereits direkt am Körper anliegen. Enge Badehosen sind unsere Arbeitskleidung. Wir trainieren so hart, höher zu springen und schneller zu rotieren, da kannst du keinen Fallschirm in Form einer weiten Badehose gebrauchen. Auch mit einem Wetsuit, den wir manchmal tragen müssen, wenn die äußeren Bedingungen gar zu unwirtlich sind, ist es viel schwerer zu springen – im Wortsinn. Es sind einfach fünf Kilo mehr, die du mit dir rumschleppen und beim Absprung liften musst.

Wenn du einmal eine Badehose gefunden hast, deren Material du vertraust, dann änderst du bloß noch das Design. Was ich mit »vertrauen« meine?

Es war einmal in einem Schloss in Irland … →

Nicht nur einmal, dass jemandes Hose beim Eintauchen ins Wasser gerissen ist! Das ist nichts, was du gern erlebst.

Die Kleinheit der Hose hat natürlich auch Nachteile. Im Unterschied zu etwa einem Rennfahrer ist unsere Sponsorenfläche verschwindend klein. Aber gut, Formel 1 ist auch viel teurer als Cliff Diving, darum müssen Rennfahrer wahrscheinlich tatsächlich jeden Quadratzentimeter ihres Overalls vermarkten, um auf ihr Budget zu kommen. Wir sind da deutlich beschränkter.

Ich genieße mehr die Stadionatmosphäre, wenn ich auf die Plattform gehe. Es ist wie ein Konzert. Die Menschenmassen. Die Energie, die da draußen ist.

Wir haben nicht einmal Ausrüster, deren Equipment wir benützen und bewerben können. Ein Radfahrer geht zu einer Firma, zu Specialized oder Giant oder wie sie alle heißen, und die statten ihn mit Bike, Helm, Schuhen und Handschuhen aus. Seine Fans sehen das und finden daher vielleicht die Produkte gut. So ergibt Product-Placement Sinn – weil es der Athlet ja auch tatsächlich bei seinem Sport einsetzt.

Uns bleiben gerade noch Badetücher, auf denen wir Sponsorenlogos zu Markte tragen können. Als ich verletzt war, habe ich aus der Not eine Tugend gemacht und die Stütze meines rekonvaleszenten Sprunggelenks gebrandet. Das war natürlich perfekt, weil die volle Aufmerksamkeit der Zuschauer ohnehin auf deiner Verletzung ruht und auf der Frage, ob du tatsächlich springen kannst. Vor und nach dem Sprung können wir Kappen und T-Shirts tragen, auch Sonnenbrillen. Aber während des eigentlichen Sprungs bleibt nur die Hose als Sponsorfläche – und deine Haut. In den letzten Jahren sind temporäre Tattoos populär geworden, und zwar in einem Ausmaß, dass man sie regulieren musste. Ich finde, es macht einfach einen Unterschied, ob du deine Partner elegant und augenzwinkernd mit einem kleinen Tattoo auf die Reise von der Plattform ins Wasser mitnimmst oder ob dein gesamter Oberkörper laut diverse Markennamen brüllt. Hier sind wir wieder bei der Frage nach gutem Aussehen: Cliff Diving ist einfach ein verdammt ästhetischer Sport und soll das meiner Meinung nach auch bleiben. Dazu gehört ganz unbedingt ein bestimmter Purismus: Der menschliche Körper. Die Höhe. Die Luft. Das Wasser.

Auf der anderen Seite muss man aber auch uns Athleten, und hier vor allem die jungen, noch nicht so etablierten, verstehen. Sie riskieren Kopf und Kragen und sollen doch irgendwie vom Cliff Diving leben können. Dazu gehört auch, dass sie ihre Sponsoren während des eigentlichen Sprungs repräsentieren können, und so sind sie auf diese temporären Tattoos gekommen. Es ist und bleibt eine feine Linie, die man immer wieder neu bewerten und justieren muss.

Egal ob im Hamburger Hafen oder im Fotostudio: Ich habe durchaus Talent als Pirat, finde ich. Jedenfalls hatte ich Spaß! →

Red Bull

Benachteiligt unter Fischen im Aquarium.
(Okay: Es hätten ja auch Piranhas sein können.)
→

T
S
Ä
Red Bull
Red Bull

Ästhetik

Jedem Sprung wohnt seine eigene Ästhetik inne. Ein Sprung, dem ich auch bei großen Höhen, schwierigen Bedingungen oder exhibitions vertraue, ist ein einzelner, gaaaanz langsamer gestreckter Salto. Er sieht aus, als ob ich flöge.

ERST GANZ ZUM SCHLUSS

beende ich die Drehung. Der Sprung ist technisch schwieriger, als man meint, weil es ja ganz beiläufig und entspannt wirken soll. Natürlich fällt man jedes Mal gleich schnell, aber die Charakteristik dieses Sprungs ist, dass er fast wie in Zeitlupe wirkt, wenn er perfekt ausgeführt wird. Der Mensch sieht aus wie eine Feder, die zu Boden fällt.

Um diesen Sprung so durchzuziehen, wie ich ihn mir vorstelle, muss man komplett entspannt sein. Und die Wahrheit ist: Ich BIN entspannt, wenn ich diesen Sprung zeige. Ich genieße ihn in der Luft, weil ich ihn so oft gezeigt habe. Zuvor habe ich sogar noch die Muße, mit der Kamera und den Fans zu schäkern. Wie locker ich bin, sieht man diesem Sprung an, finde ich.

Wenn du die Punktrichter beeindrucken willst, muss es total entspannt und leicht wirken. Das ist eigentlich in vielen Sportarten so, bei denen Ästhetik bewertet wird. Snowboard, Ski, Turnen. Aber selbst bei Sportarten, bei denen es um Geschwindigkeit geht, sieht man den wirklich Guten an, wie entspannt sie sind. Ein nicht so guter Rennläufer wird auf der Skipiste in Kitzbühel, der berühmten Streif, von den Wellen und Eisplatten komplett durchgeschüttelt, während der Sieger meist wirkt, als ob er zum Spaß hier runterführe, total in seiner Komfortzone. Ruhig. Smooth. Voller Selbstvertrauen. Bewegungen aus einem Guss.

Das ist etwas, an dem wir Klippenspringer sehr intensiv arbeiten: Dass wir Körperspannung ausstrahlen, die entspannt wirkt, nicht verkrampft. Dass die einzelnen Elemente zu einem geschmeidigen Ganzen verschmelzen. Nur wenn du das schaffst, sieht ein schwieriger Sprung mit vielen Drehungen ästhetisch aus, nicht gekünstelt oder gehetzt. Das soll jetzt kein Statement gegen extrem schwierige Sprünge sein, im Gegenteil. Natürlich ist es toll, noch eine weitere Rotation einzubauen, und oftmals belohnen die Punktrichter das auch.

Meine Denkschule ist aber eine andere: Das, was wir machen, ist schwierig, gefährlich, außergewöhnlich. Das Schwierige, Gefährliche und Außergewöhnliche kinderleicht wirken zu lassen, wie einen Zaubertrick fast, wie eine Illusion: Das hat meiner Meinung nach seine ganz eigene Qualität. Zumindest entspricht es mir mehr. Ich will zeigen, dass ich sehr genau weiß, was ich in der Luft tue, idealerweise genauer als jeder andere. Auf das eine kleine Zusatzelement kann ich verzichten, wenn es die Gesamtästhetik stört. Wenn es verkrampft wirkte, die eine Schraube, den einen Salto auch noch in der Sprungzeit unterzubringen.

Auch in der Arbeit mit dem Nachwuchs konzentriere ich mich auf den Flow der Sprünge. Der Start muss passen, und jedes einzelne Element muss geschmeidig ins nächste übergehen. Eins nach dem anderen, bis zur Eintauchphase flüssig, niemals hektisch oder gehetzt. Das schaffst du nur, wenn du das Vertrauen hast, mit all deinen Drehungen pünktlich fertig zu sein, bevor du in Eintauchposition gehst. Für mich hat diese Herangehensweise zeit meiner Karriere sehr gut funktioniert. Sie hat mich durch mein Leben getragen. Die Sprünge, die ich gezeigt habe, waren niemals einfach. Sie waren vielleicht um eine winzige Komplikation weniger kompliziert als die mancher Gegner, aber das habe ich in der Regel durch Schönheit in der Ausführung mehr als wettgemacht. Außerdem reduzierst du dein persönliches Risiko, wenn du deine Sprünge so gut intus hast, dass du zu jeder Zeit absolute Kontrolle hast.

**Schritt eins: Sichere Sprünge.
Schritt zwei: Saubere Sprünge.
Schritt drei: Sprünge,
mit denen man auch gewinnt.**

Was uns zur alten Frage bringt: Lieber ein perfekter Sprung und trotzdem nur Platz zwei, oder doch lieber ein Sieg trotz eines kleinen Schönheitsfehlers in der Ausführung? Als Athlet liebst du es, wenn dein schwierigster Sprung, den du dir vielleicht gerade erst erarbeitet hast, funktioniert. Als Sportler ist es dein Existenzgrund, zu gewinnen. Du willst alle anderen besiegen, Punkt.

Nun kann es natürlich vorkommen, dass deine Sprünge perfekt waren, die anderen aber höhere Schwierigkeitsgrade eingebaut hatten. Dass die dann auf dem Siegertreppchen über mir stehen, kann ich völlig ohne schlechtes Gefühl akzeptieren. Ich habe mein Maximum gegeben, aber die anderen waren besser. Das ist etwas, das dich der Sport lehrt und das du akzeptieren musst: Es kann immer nur einen Sieger geben, und manchmal bist es nicht du. Manchmal bist es nicht du, obwohl du alles gegeben und nichts falsch gemacht hast.

Jetzt die Flinte ins Korn zu werfen wäre der völlig falsche Ansatz. Auch an den Siegen anderer kann man sich wiederaufrichten. Mein Trick war immer, Selbstvertrauen aufzubauen, wenn ich besiegt wurde.

Schritt eins: Sichere Sprünge.

Schritt zwei: Saubere Sprünge.

Schritt drei: Sprünge, mit denen man auch gewinnt.

Selbst heute gegen Karriereende, wo die Jungen von mir völlig unwidersprochen den Ton angeben, sehe ich, dass Springer mit den höchsten Schwierigkeitsgraden manchmal von anderen geschlagen werden, die ihre Sprünge smooth, perfekt und hoch ästhetisch anlegen. Ich finde es gut, dass unser Sport den Athleten diese Entscheidung überlässt: Schwierig und spektakulär oder perfekt und ästhetisch? Was hat mehr Wert: Komplikation oder Kompetenz? Schwierigkeit oder Schönheit? Ich habe mich entschieden. Jeder, auch jeder Punktrichter weiß, wo ich stehe. Aber das ist meine ganz subjektive Ansicht, und ich bin froh, nicht mit einer Tafel in der Hand am Beckenrand stehen und bei jedem Sprung jedes einzelnen Springers neu entscheiden zu müssen, wie viel dieser Sprung soeben in Punkten wert war.

Die Wertung soll ja auch für die Zuschauer nachvollziehbar sein. Jeder Fan bewertet in seinem eigenen Kopf mit, und ich bin keine Ausnahme, wenn ich zum Beispiel Geräteturnen im Fernsehen verfolge. Gerade beim Turnen finde ich die Bewertungsregeln ein wenig zu kompliziert. Ich verstehe, was die Sportler machen, aber das schlägt sich nicht immer im Score nieder. Ich liege da in meiner Einschätzung oft daneben. Von den Motorrad-Freestylern der Red Bull X-Fighters bis zum Eiskunstlauf: Gewisse Mechanismen entdeckt man in allen subjektiv bewerteten Sportarten wieder: Man kann nicht messen. Von der Plattform aus sind alle gleich schnell unten im Wasser. Daher braucht es eben Kriterien, nach denen man zu einer Wertung kommt. Wäre ich ein guter Punktrichter? Mit Sicherheit nicht! Ich wurde gefragt, ob ich Kids bewerten könnte, und ich habe immer abgelehnt. Ich wäre viel zu streng. Mir fällt alles auf.

Als guter Punktrichter brauchst du ein anderes *mindset*. Du musst den gesamten Bewerb auf deinem persönlichen Radar haben, nicht nur den einzelnen Sprung. Woher weißt du, dass das gerade eine Wertung von 8,5 war, wenn du noch keine Ahnung hast, was die anderen Athleten zeigen werden? Oder war es nicht eher eine 6,0, weil es doch noch so viel zu verbessern gegeben hätte an diesem Sprung? Hat er die Schulter zwischen zweiter und dritter Schraube nicht vielleicht doch ein wenig zu sehr hängen lassen?

Es hat schon einen Grund, warum ich mit den Punktrichtern oft im Clinch lag – leider, muss ich heute sagen. Als Athlet mit Leidenschaft kämpfst du um jede einzelne Wertung und siehst nur dich selbst, während jene, die dich bewerten, deine Sprünge im Kontext aller anderen Sprünge sehen müssen. Ich beneide keinen um diese Arbeit, wirklich nicht.

Es ist schon hart genug, deine eigenen Sprünge korrekt einzuschätzen – etwas, das du selbstverständlich nach jedem einzelnen Versuch machst. Spätestens nach dem Auftauchen hast du eine Wertung im Kopf. Die basiert auf Feedback, das du im Zuge deiner Tausenden Sprünge gesammelt hast. Du weißt, wie die Videobilder am Screen mit deinem Körpergefühl während des Sprungs korrelieren. Du hast einen reichen Schatz an Bewertungen deiner Trainer oder anderer Experten, die wissen, worauf sie achten müssen. Da geht es um winziges Feedback. Kleine Details,

→
Wenn man die Location anhand des Gesteins erkennt: Azoren, Portugal.

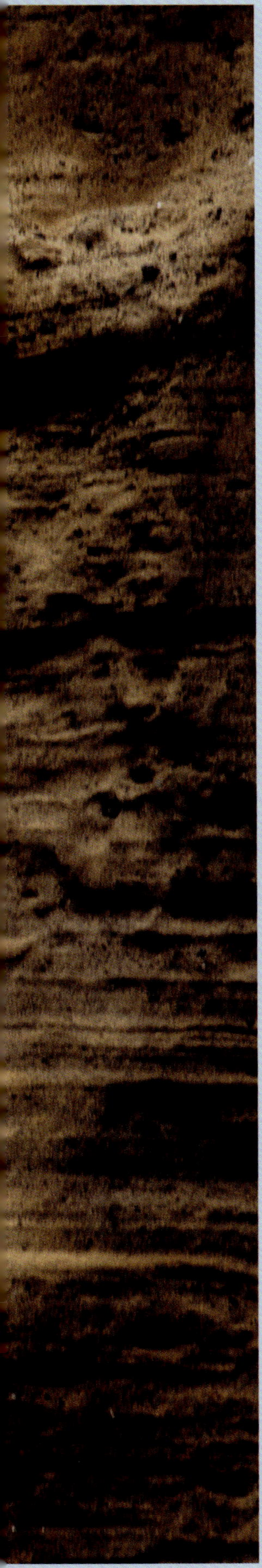

die du allein übersiehst. Beine, die nicht völlig geschlossen waren, oder den Schulterfehler, den du schon vor Wochen ausgemerzt geglaubt hattest. Es ist die alte, unendliche Suche nach Perfektion, um den Kampfrichtern keinen Ansatz für Punktabzüge zu geben.

Das ist das Wesen des Sports: Du musst dich immer hinterfragen und an dir arbeiten – bei jedem einzelnen Sprung. Das nimmt dir keiner ab. Dinge, die du scheinbar blind konntest, musst du immer wieder frisch üben, weil sich Nachlässigkeit eingeschlichen hat, während du dich auf andere Teile konzentriert hast. Das ist oft frustrierend, aber ohne diese Einstellung ist Cliff Diving der falsche Sport für dich.

Selbst als erfahrener Athlet liegst du in deiner Bewertung nicht immer richtig. Es gibt diese Sprünge, bei denen du denkst, dass das jetzt richtig gut war, du hast aber übersehen, dass die Beine leicht geöffnet waren. Und es gibt auch das Gegenbeispiel, etwa den notorischen Schulterfehler, den die Judges übersehen haben, weil er dir just in jenem Moment unterlaufen ist, als der Körper von ihnen abgewandt war. Manchmal dreht es dich nach dem Eintauchen unter Wasser richtig durch die Mangel, und du fühlst dich, als ob du die Eintauchphase völlig vergeigt hättest – dabei ist das alles unsichtbar unter Wasser vonstattengegangen. Glück gehabt! Winzige Fehler bemerkst du natürlich noch in der Luft und korrigierst sie. Andere teilen dir deine Trainer nach dem Sprung mit. Einige sind schlicht lästig, vor allem jene, die du im Training schon wiederholt gemacht hast. Es kommt vor, dass du dich noch während des restlichen Sprungs darüber ärgerst. Ja doch, so viel Zeit hast du unterwegs. Oft versuchst du dann, den Fehler überzukompensieren, aber natürlich vergeblich: Der Fehler ist bereits passiert, die Judges haben ihn in aller Regel längst bemerkt. Besser, den restlichen Sprung so elegant und gut aussehen zu lassen, wie es eben noch möglich ist, anstatt Kosmetik im freien Fall zu betreiben.

Bei einem geglückten, guten Sprung spüre ich in der Regel den Unterschied zwischen einer Bewertung von 9,0 und einer von 9,5. So viel Gefühl hat man dann meist schon.

Liegen die Richter völlig daneben, spreche ich danach mit ihnen und frage nach den Gründen – es könnte ja auch der Fall sein, dass sie einen Fehler gemacht haben und nicht ich falsch liege. Während des Bewerbs kannst und darfst du ohnehin nicht mit ihnen sprechen – das macht man besser in entspannter Atmosphäre bei einem gemeinsamen Bier danach, wenn sich die Emotionen des Wettkampfes gelegt haben. Immerhin sind sie freiwillig hier, opfern ihre Zeit, exponieren sich und stellen sich der Kritik der Zuschauer und Athleten, von denen es selbstverständlich jeder Einzelne am besten weiß. Dabei sind sie die Profis, die ihr Bestes tun. Das ist ein wahrer Satz, auch wenn man es vielleicht nicht immer glauben mag, wenn man aus dem Wasser steigt und einem die Tafeln mit hässlichen Scores von 6,5 entgegenstarren, wo man sich selbst doch mindestens eine 9,0 gegeben hätte.

Die Gesamtwertung der Red Bull Cliff Diving World Series im Jahr 2012 habe ich wegen einer einzigen schlechten Bewertung verloren. Und doch: Was soll ich deswegen jammern? Spätestens im Lauf einer Karriere gleichen sich zu schlecht und zu gut bewertete Sprünge aus, finde ich.

Und um ganz ehrlich zu sein: Nicht nur beim Cliff Diving, sondern bei allen bewerteten Sportarten kriegen die großen Namen oft die meisten Punkte. Ungerecht, aber ist so! Skateboard-Legende **TONY HAWK** musste in einer Phase seiner Karriere nichts anderes tun, als Tony Hawk zu sein, um fette Punkte zu kassieren, und vielleicht ist es mir auch manchmal so gegangen. Dass junge, unbekannte Springer mehr leisten mussten, um mit einer 9,0 bewertet zu werden, als ich alter Hase, von dem man ohnehin nur das Allerbeste angenommen hat.

Geschenkte Siege fühlen sich niemals so gut an wie perfekte Sprünge, um das Thema von weiter oben nochmals aufzugreifen. Wie der Sieg bei einem Fußballspiel, bei dem deiner Mannschaft ein Elfmeter geschenkt wurde. Besonders oft ist mir das aber ohnehin nicht passiert in all den Jahren des Springens.

Nein, ich darf und werde nicht jammern, und meine Stinkwut nach verpatzten Bewerben habe ich im Lauf der Jahre auch zu kanalisieren gelernt. Dabei war das nie böse gemeint, wenn ich nach einem Sprung angepisst war. Es waren bloß die Enttäuschung und der Zorn, die rausmussten. Ich bin ein Wettkampftyp, und wenn ich am Ende mit leeren Händen dastehe, kann ich nicht so tun, als ob mir das egal wäre. Ich muss mir vorsagen, dass es einen nächsten Sprung gibt, bei dem ich wieder mit denselben Voraussetzungen oben auf der Plattform stehe und die Chance habe, alles besser zu machen. Und was ich wirklich nie, nie gemacht habe: Die schlechte Laune nach einem verlorenen Wettkampf mit nach Hause zu nehmen. Selbst wenn Springen dein Leben ist: Das Leben ist doch viel mehr als Springen.

↑ Moment der Entscheidung: Was sagen die Judges? Ein Job, um den ich niemanden beneide. Boston, USA.

Poseidontempel statt Gänserndorf: Synchron-Dive gemeinsam mit Gary Hunt.
→

»Nur noch 20 Meter, ich komme!«
→

POLIGNANO A MARE
ITALY

Naturbelassen: Mexiko.
→

↑ Magisch: Kroatien.

Luftbett, oder: Die Kunst, Sprünge aus 27 Meter Höhe einfach aussehen zu lassen. →

M
Red Bull
R

Morgen

Neue Projekte statt Wettbewerbe: Der Sprung von einem Eisberg in der Antarktis. →

Was kommt nach meinem letzten Sprung? Erste Antwort: Ich weiß es nicht genau. Zweite Antwort: Weitere Sprünge! Ich werde meinen Sport nicht aufgeben, nur weil ich vom aktiven Wettkampf zurücktrete.

KLIPPENSPRINGEN

hat so viele andere Facetten, die in den letzten Jahren bei mir ein wenig zu kurz gekommen sind. Der Abenteuer-Part. Die Reisen. Die Neuentdeckungen. Dafür habe ich endlich Zeit, hoffe ich.

Ich habe ja auch in der Vergangenheit immer wieder Abenteuer-Projekte gemacht. Doch die durften selten länger als ein, zwei Wochen dauern, weil ich sie meist in die Trainingsroutine meines Spitzensportler-Alltags integrieren musste.

Einzige Ausnahme war mein Antarktika-Projekt im Jahr 2018, für das ich mir einen Monat lang Zeit genommen habe. Damals sind wir gemeinsam mit einem Team aus Wissenschaftlern und Jungs von der kolumbianischen Navy mit einem Schiff von Punta Arenas aus nach Süden in die Antarktis gefahren. Ziel war, dass ich von einem Eisberg ins eiskalte Meer springen sollte, um auf das Schmelzen der Polkappen aufmerksam zu machen. Mit Steigeisen, Pickel und einem sieben Millimeter dicken Neoprenanzug bin ich schließlich auf einen dieser gigantischen Eisklumpen geklettert. 20 Meter hoch, das Meer darunter hatte vielleicht ein Grad plus. Es war kein einfacher Sprung, aber er ist mir perfekt gelungen. Langsamer einfacher Vorwärtssalto, mein Komfort-Sprung unter allen Bedingungen, klar.

Projekte wie dieses möchte ich in Zukunft vermehrt verfolgen. Ich möchte mehr nach Afrika und Asien reisen, diese Weltregionen habe ich in den letzten Jahren sträflich vernachlässigt. Doch je besser man eine Gegend kennt, umso mehr tolle Locations findet man dort. So geht es mir auf dem amerikanischen Kontinent. Allein, was ich hier noch an Ideen für Fotosessions und Videodrehs habe! Ich möchte, dass mein Sport noch populärer wird, dass noch mehr Menschen auf der ganzen Welt einen Zugang zum Cliff Diving finden. Und um all das ausführen zu können, braucht es eine gewisse Grundfitness – was wiederum voraussetzt, dass ich mein Training nicht einstelle und einen gewissen Prozentsatz meiner Zeit wie bisher für körperliche Aufgaben reserviere.

Ich kann mir auch vorstellen, meine Liebe zum Reisen im Fernsehen zu zeigen. Ich fühle mich wohl vor der Kamera, das haben die Jahre im Spitzensport gezeigt. Kolumbien ist ein so tolles, vielfältiges Land, in dem es für mich noch so viel zu entdecken gibt. Eine Reise-Sendung im lokalen Fernsehen, warum nicht? Mein zweites großes Betätigungsfeld wird auf alle Fälle Cliff Diving als Sport bleiben. Mit Red Bull verbindet mich eine jahrzehntelange Partnerschaft. Ich war dabei, als die Series aus der Taufe gehoben wurde, und bin sicher, dass ich noch immer etwas dazu beitragen kann, damit die Red Bull Cliff Diving World Series noch besser und populärer wird. Meine genaue Position ist noch etwas vage definiert, aber Stand der Dinge im Moment ist, dass ich auch im Jahr 2020 unverändert zu den Bewerben reisen und so etwas wie die Stimme des Sports bleiben werde.

↓
Immer öfter erzähle ich auf der Bühne aus meinem Leben, wie hier auf einem internationalen Kongress in Cartagena.

Zusätzlich gibt es den offiziellen Part mit dem Weltverband FINA, wo ich bis ins Jahr 2021 ins Athletenkomitee gewählt bin und die Interessen der Sportler vertrete – nicht nur jene der Springer, sondern die aller Wassersportler. Danach kann ich mir vorstellen diese Rolle noch auszubauen und dezidiert dafür zu sorgen, dass High Diving, das jüngste Kind der FINA-Familie, künftig noch deutlicher wahrgenommen wird.

Mein langfristiger Traum ist, Cliff Diving zur olympischen Sportart zu machen. Manchmal fragen mich Fans, ob mir in meiner Karriere ein bestimmter Sieg fehlt. Nun, ich mag zwar 13-facher Weltmeister sein, aber ich hatte nie die Chance auf olympisches Edelmetall. Dieser Zug ist für mich persönlich abgefahren, aber wenn ich etwas dazu beitragen kann, dass junge Sportler eines Tages diese Chance bekommen, will ich das sehr gern tun.

In meiner Heimatstadt Cali baue ich gerade ein Trainingscenter mit Plattformen auf allen relevanten Höhen, von Einsteigern bis zu echten High Dives, um Springern aller Niveaus eine Heimat zu bieten. Um ihnen die Möglichkeit zu geben, unter guten Bedingungen zu trainieren und Kolumbien nachhaltig als Springer-Nation zu etablieren. Auch, um etwas zurückzugeben, klar. Ich erinnere mich noch gut, als ich einst als kleiner Junge mit meinen Kumpels nach dem Fußballspielen zum Pool gegangen bin, um den Springern zuzuschauen. Vielleicht – hoffentlich! – finden sich ein paar Orlandos, die durch meine Sprunganlage zum Sport gebracht werden. Es wäre schön, wenn ich dazu beitragen könnte, dass künftigen kolumbianischen

↘ **So sehe ich mich auch: Als Mentor für die Jungen.**

Springern einige Irrwege, die ich gehen musste, erspart bleiben.

Mein Weg von Cali hinaus in die Welt war lang und hart. Das vergisst man leicht, wenn man mich heute oben auf einer Plattform sieht, meinen Namen kennt und meine erfolgreiche Geschichte im Sport. Ich musste mir das wirklich erarbeiten. Jeden Sprung, jeden Sieg, jeden Weltmeistertitel. Wenn unsere Kids von etwas weiter oben starten können – im übertragenen Sinn gesprochen –, dann können sie noch weiter kommen als ich, davon bin ich überzeugt.

Ich möchte Erfahrungen weitergeben, die ich als Athlet der Pioniergeneration machen musste. Das war klarerweise nicht immer ganz freiwillig, ist aber total natürlich in einem so jungen Sport. Frag einen aus der ersten Generation der Snowboarder oder Mountainbiker, und sie werden dir Geschichten erzählen, die heute haarsträubend und improvisiert klingen, aber jedes Wort wird wahr sein. So geht es mir beim Cliff Diving. Dank unserer Erfahrungen hat sich der Sport professionalisiert, und nun ist es unsere Aufgabe, nicht nur eine Tradition zu schaffen, sondern unseren Beitrag dazu zu leisten, dass die Entwicklung weitergeht. Wir müssen unsere Erfahrungen weitergeben und dabei die Ohren für Neues offen halten. Wir müssen den Sport nähren und pflegen. Wir sind die Botschafter des Cliff Diving.

Cliff Diving ist meine Berufung. Das, was auch nach Ende meiner aktiven Karriere mein Lebensmittelpunkt sein wird. Einst habe ich meine Universitätskarriere des Springens wegen erst unterbrochen, dann sausen lassen. Das zeigt schon, welche Bedeutung der Sport für mich hat, auch emotional.

Er wird mich nie wieder loslassen, das hat inzwischen auch meine Mutter akzeptiert. Sie ist zwar noch immer kein Insider, aber sie bewertet das Resultat. Da ist sie ganz wie früher. Was man macht, hat man ordentlich zu machen, ob auf der Universität oder im Sport. Es gibt keine halben Sachen, kein Nachlassen, keine Zufriedenheit mit faulen Kompromissen. Sie hat akzeptiert, wie hart ich in all den Jahren gearbeitet habe, um an der Spitze zu bleiben, um nach Verletzungen wieder zurückzukommen. Sie merkt, dass ihre Erziehung bei mir auf fruchtbaren Boden gefallen ist. Dass meine rebellische Entscheidung gegen eine normale Karriere und für eine obskure Sportart, bei der man in Badehosen von Plattformen ins Wasser springt, goldrichtig war.

Ich war der Junge, der immer geradeaus ging. Zwar in eine andere Richtung, als sie wollte, aber immer geradeaus, mit erhobenem Kopf, vorbei an den dunklen Gassen, immer weiter, ohne stehen zu bleiben.

Ich bin noch immer der Junge, der geradeaus geht.

→ Zeit mit dem Klischee vom immer warmen Portugal aufzuräumen: Auf den Azoren hat die Luft bisweilen bloß 20, das Wasser gar nur 15 Grad.

Red Bull

Meine zwei Gesichter: Athlet, Manager. Beides ist Teil meiner Persönlichkeit. →

Weil ich ein paar Seiten zuvor das Wasser auf den Azoren als kalt bezeichnet habe:
Das Wasser der Antarktis ist WIRKLICH kalt.
→

Red Bull

Red Bull
Red Bull

ZEIT

L
U
P
E
Zeitlupe

Hawaii im Jahr 2000. Meine erste komplette Saison als Profi. Das ist der letzte Wettkampf des Jahres.

DAS FINALE.

Ich kann gewinnen. Lāna‘i, eine kleine Insel. Wenige Zuschauer. Sehr intimes Setting. Eine traditionelle, hawaiianische Zeremonie zu Beginn. Good vibes. Jeder kennt jeden.

Etliche meiner Gegner hatten wirklich gute Sprünge gezeigt. Einschüchternd gut. Ich musste meine volle Konzentration sammeln, um mir das nicht unter die Haut gehen zu lassen. Konzentriere dich, Orlando.

Meinen technisch schwierigsten Sprung hatte ich mir für das Ende aufgehoben: Doppelter Rückwärtssalto mit vier Schrauben, neu damals. Ich war der letzte Springer des Tages.

Auf dem Weg hinauf zur Plattform sog ich die Atmosphäre ein. Die warme, salzige Luft, die typischen Gerüche Hawaiis. Die Geräusche. Das Privileg, hier stehen zu können. Einatmen.

Ich sehe meine Füße, die Plattform. *Okay, let's do this.*

Ich gehe hinaus zur Kante. Fühlt sich gut an. Nichts stört. Alles gut. Ich blicke auf das Wasser. Atme ein. Stoße mich ab. Der Sprung fühlt sich richtig an. Rotation, abwechselnd Himmel und Wasser. Dann tauche ich ein, es prickelt.

Die Ruhe unter der Oberfläche. Perfekt. Ich bin ganz allein mit mir. Ich will nicht auftauchen, aber irgendwann lässt es sich nicht länger hinauszögern.

Ich hebe den Kopf aus dem Wasser, und alles, was ich sehe, ist, wie meine Freunde, meine Gegner, einfach alle ins Wasser springen und zu mir kraulen, um mir *High fives* zu geben. Oh, habe ich gewonnen?

Ich schaue zu den Judges, es waren damals noch sieben. Sie halten die Bewertungen in die Luft.

10.
10.
10.
10.
10.
10.
10.

Der perfekte Sprung.

Red Bull

Red Bull
CLIFF DIVING

Red Bull

Danke an die Menschen bei Red Bull, für das vertrauensvolle Verhältnis seit dem ersten Tag.

DANKSAGUNG

Danke an Dean Treml, der Herz und Seele meines Sports mit der Kamera festgehalten hat. Danke an meine Familie und meine Frau, die immer an mich glauben.

1. Auflage © 2019 Pantauro
bei Benevento Publishing Salzburg – München,
eine Marke der Red Bull Media House GmbH,
Wals bei Salzburg

Gesetzt aus der Euclid Flex und Ivar Text

Medianinhaber, Verleger und Herausgeber:
Red Bull Media House GmbH
Oberst-Lepperdinger-Straße 11–15
5071 Wals bei Salzburg, Österreich

Idee und Konzept:
Cyrill Spale

Texte:
Werner Jessner

Gestaltung:
wir sind artisten

Fotografie, Red Bull Content Pool:
alle Fotos von Dean Treml, außer
S. 2/4–5 Maximiliano Blanco, S. 54–55/72/136–137/170/180–181/208–209, Romina Amato, S. 68–71 Predrag Vuckovic, S. 80–81/135/140–141 Samo Vidic, S. 99 Jason Halayko, S. 103/129/166–167 Balazs Gardi, S. 134 Ray Demski, S. 158/163 Agustin Munoz, S. 183 Tomislav Moze, S. 190/198–201 Andreas Vigl
S. 8–13/22/24–40 Orlando Duque/privat

Printed in Germany
ISBN 978-3-7105-0045-9

FSC
www.fsc.org
MIX
Papier aus verantwortungsvollen Quellen
FSC® C108521